Derniers adieux du Roi à sa famille.

AVANT-PROPOS.

Lorsque toute la France ne se rapèle qu'avec un sentiment d'horreur les atrocités commises pendant vingt-cinq ans de troubles et d'anarchie, ce serait une injustice que d'en accuser la nation Française, si éminemment distinguée par son amour pour ses rois.

Cependant ceux qui liront l'histoire de nos malheurs ne pourront-ils pas dire :

Comment en un plomb vil l'or pur s'est-il changé ?

Comment s'est-il trouvé dans cette nation des hommes qui aient passé tout-à-coup d'une sorte d'idolâtrie pour nos Princes, au mépris, à la haine, à la cruauté ? Comment ce peuple a-t-il pu être témoin des traitemens affreux faits au Roi et à sa famille, sans

Les Augustes Victimes du Temple

Par

Mme Guénard Baronne de Méré.

Tome 1.

Paris,
Guillaume et Compagnie Libraires,
Rue Hautefeuille, N° 14.
1818.

ij AVANT-PROPOS.

prendre leur défense ? Comment a-t'il pu voir traîner ces Augustes Victimes dans la Tour du Temple ? Comment n'en a-t'il pas brisé les portes ? Comment........

Ceux qui parleront ainsi ignoreront ou feindront d'ignorer que tous les hommes instruits et vertueux qui n'avaient point péri dans les massacres du 10 août et du 2 septembre, avaient été contraints de se soustraire, par la fuite, aux assassinats.

La multitude était égarée et frénétique. Une poignée de scélérats tenait les rênes du Gouvernement ; et l'on ne sait que trop quel est le pouvoir de l'audace et du crime, et combien est redoutable cette classe d'hommes qui n'a rien à perdre et tout à gagner dans une révolution. Le petit nombre d'honnêtes-gens qui restait encore était paralysé par la terreur. N'attribuons-donc pas à la nation Française les crimes de quelques monstres qui se sont entre-dévorés presque tous, en expiation de leurs attentats.

Cette punition leur a été infligée par le Ciel, pour nous donner un grand exemple. Que cet exemple nous soit utile à nous et à nos neveux : entourons à jamais d'un respect et d'un amour sans bornes, notre bon Roi et ses descendans; ne perdons jamais le souvenir des malheurs de sa famille ; repassons-en sans cesse la douloureuse histoire ; racontons-la à nos enfans, qui la raconteront aux leurs. On ne saurait trop en consigner les moindres détails; ils serviront à faire connaître jusqu'où

AVANT-PROPOS.

peuvent égarer l'irréligion et l'esprit de révolte ; et l'on verra briller, au milieu de tant d'horreurs, tout ce que la vertu a de plus noble et de plus touchant. C'est là le tableau que j'entreprends de peindre ; d'autres l'ont fait avant moi ; mais, semblable à l'abeille, je recueillerai dans tous leurs écrits (1) et même dans ceux que j'ai consacrés à l'éloge des Augustes Victimes, les traits les plus frappans, pour en composer un seul récit que j'offre aux Français, comme un traité complet de la véritable philosophie, fondée sur la morale chrétienne.

---

(1) Il vient de paraître un ouvrage attribué à une personne auguste et intitulé : *Memoires particuliers*, etc. in-octavo. Par respect pour la main qu'on suppose avoir tracé cet écrit, nous avons imprimé tout ce que nous en avons extrait en *caractères italiques*, précédés et suivis d'un guillemet.

LES AUGUSTES VICTIMES DU TEMPLE.

CHAPITRE I.

Je ne retracerai pas les troubles qui agitèrent la France dès qu'il fut question d'assembler les états généraux. Je ne parlerai ni des sourdes intrigues ni des crimes soldés. On ne verra point ici les ressorts cachés d'une politique atroce, ni les excès d'une tourbe égarée que des scélérats dirigeaient à leur gré par l'appât de l'or ou par l'abus des plus pernicieuses boissons. Je ne parlerai ni des premières émeutes où l'on essayait jusqu'où l'on pouvait rendre le peuple criminel, ni de la prise de la Bastille, ni des affreuses journées des cinq et six octobre 1789, ni du triste voyage de Varennes. Je n'entrerai point même dans le détail des événemens du jour funeste, connu sous le nom du dix août 1792. Je détournerai les yeux de tout ce qui se passa ce jour là, depuis le lever du soleil jusqu'au moment fatal où le Roi, trompé par les autorités qui rivalisaient avec lui, crut voir sa sûreté et celle de sa famille au milieu des représentans du peuple. Jusque là il jouissait, ainsi que les Membres de la Famille Royale, d'une apparence de liberté, mais lorsqu'il eut touché le sol de cette enceinte d'où la justice et l'honnêteté avaient fui, il reçut des fers de ceux qui, étant encore ses sujets, ne pouvaient sans crime briser le pacte conclu entre le peuple et ses Rois ; eh ! quel autre avait plus fait que Louis XVI pour que ce pacte sacré fût respecté ? Voulut-il jamais autre chose que le bonheur de son peuple, dont il était véritablement le père ? Ceux qui ont osé lui ravir sa couronne, commirent un crime aussi grand envers la nation qu'envers le Monarque; car ils la privèrent du plus grand trésor que le Ciel puisse donner aux hommes, d'un

Roi vertueux. Louis ne connaissait d'autre attribut de la puissance que celui de faire le bien. Simple au milieu des grandeurs, il haïssait le faste, parce qu'il ne s'alimente que de la substance du pauvre. Religieux du fond du cœur, il avait les mœurs les plus pures, bon père, bon époux, tendre frère : tel fut celui que l'on osa forcer à descendre du Trône que ses pères occupaient depuis 800 ans; voilà le Prince que ses sujets osèrent faire prisonnier. O fils de St.-Louis ! ce n'est pas sur vous, c'est sur nous qu'il faut pleurer; votre vie terminée au milieu de sa course, vous a conduit à l'immortalité, et votre gloire incorruptible commence à l'époque où toutes les calamités accablèrent notre patrie. Depuis deux fois vingt-quatre heures tout annonçait une fermentation, dont la fin ne pouvait arriver que par une de ces terribles explosions qui avaient failli déjà plusieurs fois engloutir la monarchie. Le danger croissait, et les amis du Roi se rangeaient autour de Sa Majesté, qui, à cinq heures de la matinée du 10, avait passé en revue ses gardes suisses, la garde nationale fidelle, et les gentilshommes qui étaient venus offrir leur vie au Roi pour sauver la sienne. On se préparait à la défendre; cependant les flots de la multitude grondaient de toutes parts, et ceux qui avaient résolu la perte du Monarque faisaient envisager l'impossibilité de résister. La Reine, Madame Elisabeth et les enfans s'étaient rendus dans la chambre à coucher du Roi; on passa dans celle de la Reine, où se trouvaient aussi les Ministres. Rœderer, à la tête du département, leur déclara que le danger était à son comble, qu'il était au-dessus de toute expression, que la garde nationale attachée au Roi était en petit nombre, que l'autre partie était corrompue, et tirerait même la première sur le Château; que le Roi, la Reine et leurs enfans, et tous ceux qui étaient auprès d'eux seraient infailliblement égorgés, si Sa Majesté ne prenait sur-le-champ le parti de se rendre à l'assemblée. La Reine s'opposa à la proposition de Rœderer, en disant qu'elle se ferait clouer aux murs du Château plutôt que d'en sortir. Rœderer lui répartit : *Madame, vous voulez sans doute vous rendre coupable de la mort du Roi, de votre fils, de Madame, de vous-même, et de toutes les personnes qui sont ici pour vous défendre !* à ces mots ils s'écrièrent unanimement : Ah ! puissions-nous être les seules victimes ! Tout-à-coup le Roi et la Reine sortirent en défendant qu'on les suivît ; ils traversent des salles où leurs amis frémissent du danger de la Famille Royale, réclament la faveur de le partager, et baignent leurs mains de leurs larmes. Tous veulent les entourer. *Vous ferez tuer le Roi*, leur dit Rœderer. *Restez*, leur disait Louis XVI. *Nous reviendrons bientôt*, ajoutait la Reine pour les rassurer.

Le Roi traversa les Tuileries sans

obstacles, jusqu'à la terrasse des feuillants, au milieu de deux colonnes armées, composées des grenadiers suisses, des grenadiers des petits pères et de ceux des filles St.-Thomas ; arrivé à l'escalier de la terrasse, il y fut arrêté pendant plus d'un quart-d'heure. La foule qui y était rassemblée criait : NOUS NE VOULONS PLUS DE TYRANS ! LA MORT ! LA MORT ! Enfin le Département obtint qu'on laisserait le passage ouvert, et que le Roi pourrait se rendre dans le sein de l'assemblée, pourvu qu'il consentît à laisser toute son escorte en dehors.

CHAPITRE II.

C'EST avec une peine incroyable que le Roi et son auguste Famille avaient traversé les Tuileries. Un fait, que j'ai rapporté dans la vie de Madame Elisabeth, prouve même que, sans la farouche pitié d'un chef de parti qui prit le pauvre petit Dauphin sous sa protection, il eût peut-être dès cet instant vu terminer ses jours; car la foule était si considérable, que, si cet homme d'une taille gigantesque ne l'eût pas pris sur son épaule, et marché ainsi devant la Reine, l'enfant eût été étouffé.

Un officier municipal demanda à l'assemblée qu'il fût permis au Roi de venir accompagné de sa garde, ou du moins que celle-ci pût être employée pour conserver la liberté des avenues de la salle.

L'assemblée, considérant qu'elle n'a besoin d'autre garde que l'amour du peuple, chargea seulement ses commissaires, inspecteurs de la salle, de redoubler d'attention, pour maintenir l'ordre dans son enceinte, la police appartenant au corps législatif; elle passa à l'ordre du jour sur la demande de l'officier municipal.

On annonça l'arrivée du Roi. Conformément à la constitution, une députation de vingt-quatre Membres vint le recevoir.

Il entra avec sa famille et les Ministres.

Plusieurs hommes de sa garde se précipitaient pour le suivre et présentaient leurs baïonnettes. Ils veulent forcer le passage; des Membres de l'assemblée les arrêtent et leur ordonnent, avec la plus vive énergie, de respecter le temple de la liberté.

La foule armée se retire. Quelques royalistes armés entrent avec le Roi jusques dans la salle du corps législatif; la moitié des députés effrayés se précipite vers l'autre porte. Des députés, du nombre de ceux qu'on nommait *impartiaux*, observent à ces fidèles sujets qu'ils compromettent la sûreté du Roi, et alors, malgré le désir qu'ils avaient de rester auprès de l'auguste famille, la crainte de rendre leur sort plus funeste les décida à se retirer.

Le Roi prit place à côté du Président; sa famille et deux Ministres seulement allèrent se placer sur les fauteuils destinés aux Ministres, qui étaient au-devant de la barre, en face du bureau du Président. Le Roi dit : *Je suis venu ici pour éviter un grand crime qui allait se commettre, et je pense que je ne saurais être plus en sûreté qu'au milieu de vous, Messieurs.*

Vergniaud, Président en l'absence de Merlet, répondit : « vous pouvez, Sire, » compter sur la fermeté de l'assemblée » nationale ; ses Membres ont juré de » mourir, en soutenant les droits du » peuple et des autorités constituées. »

Cette réponse ne dut pas rassurer le Roi sur les suites de la démarche que Rœderer lui avait fait faire auprès de l'assemblée législative, dont la composition faisait regretter la constituante. Jusque là le Roi pensait qu'il en serait comme aux autres occasions où il avait cru devoir se mettre sous l'égide nationale, et où l'assemblée constituante tenait à l'honneur de rendre au chef suprême de la nation les hommages et le respect qui lui étaient dus. Mais à ce moment tout a changé ; on ne garde pas même avec le Roi les apparences des égards. Ce n'est plus le premier Potentat de l'Europe, ce n'est plus la Fille des Césars que les audacieux députés reçoivent dans leur sein ; c'est à leur avis un homme présumé coupable. Ils ont donné les honneurs de leur séance aux plus vils humains, ils les refusent à leur Roi ; la délibération est suspendue par la présence du Monarque, et bientôt il entend que sa présence gêne les complices, et qu'il faut qu'il se retire ; mais où ce malheureux Prince aura-t-il un asile ? Son palais est investi, et une troupe furieuse assiège le lieu des séances. On pense qu'il ne faut ni laisser échapper les prisonniers, ni les livrer au peuple. Un avis est ouvert et adopté. Le Prince est reçu dans la loge du logographe ; on y entasse sa famille et ses plus chers serviteurs. Ils y éprouvent une chaleur affreuse. Un tumulte plus affreux encore, et dont le bruit venait jusqu'à eux, les accablait d'inquiétude et de douleur. Mais quel a pu être le but qu'on se proposait en les plaçant d'une manière si peu convenable à la majesté Royale ? Faut-il le demander? C'est pour qu'ils entendent, sans en perdre un mot, tout ce que la calomnie, l'ignorance et la fureur vont vomir contre eux, c'est pour qu'ils soient abreuvés goutte à goutte de ce calice d'amertume. Oh! qui pourra se faire quelque idée de tout ce que dûrent éprouver les Membres de cette auguste et infortunée famille ? Qu'il me soit permis de pénétrer dans leurs cœurs, et de montrer à découvert les blessures profondes qu'ils reçurent dans cette affreuse journée.

Ceux qui n'ont point connu Louis XVI ne se feraient peut-être pas une idée de ce que ce Prince eut à souffrir en ce moment. Il n'a que trop malheureusement régné dans presque toutes les classes de la société une opinion bien coupable sur le compte de ce Monarque, qui ne fut apprécié que par peu de personnes même de sa Cour. Je m'éleverai contre cette opinion, et je dirai, parce que je le pense, que la France n'aurait jamais été mieux gouvernée et plus heureuse, si on n'avait pas sans cesse tourné contre lui-même les vertus dont le Ciel l'avait doué. C'était, disaient les uns, un bon père de famille, mais il n'avait aucune des qualités qui font les grands Rois : non, si par là nous entendons un tyran.

D'autres allèrent jusqu'à lui refuser ce feu céleste qu'on nomme esprit, parce qu'il n'avait rien de ce faux brillant qui consiste dans quelques phrases étudiées d'avance, que l'on répète avec grâce, ou de ces saillies que le bon sens rejette et qui sont vraiment comme ces feux folets qui vous égarent dans des routes dangereuses.

D'autres ont attaqué la droiture de son cœur, l'ont accusé de fausseté. Ah ! qu'ils lisent ces pages immortelles qu'il nous a laissées pour gage de son amour, et qu'ils osent ensuite l'accuser ! Qu'ils lisent la belle et touchante lettre que le Roi adresse à Mr. le Duc de Brissac lors du licenciement de la garde constitutionnelle, et que j'ai placée à la fin de cet ouvrage, et qu'ils osent l'accuser d'ingratitude !

Quoique ses ennemis aient pu penser, il n'en est pas moins vrai qu'il n'y eut jamais un cœur plus droit, plus noble et plus pure que le sien ; qu'il n'a jamais fait que du bien, et que si le ciel n'avait pas laissé aux méchans le droit de troubler les esprits et d'amener à force d'or la révolution, le règne du Prince aurait même eu un rang distingué dans nos fastes. A-t-on oublié que ce fut sous Louis XVI que nous détachâmes de nos ennemis naturels une grande partie de leur territoire, et que la guerre la plus glorieuse dans les deux Indes assura l'indépendance d'un peuple qui est resté notre seul allié dans les crises les plus douloureuses ? A-t-on oublié qu'il créa des lois sages, des établissemens utiles, des monumens qui rivalisent avec ceux de Louis XIV et que l'Europe lui dut la paix du continent ? C'est ainsi que se passèrent les vingt années de bonheur que le ciel nous donna sous son empire, bonheur dont nous aurions joui longtems encore si le fil de ses jours n'eût pas été tranché par les ennemis du bien. Ce que je dis ici du règne de ce Prince, ne devait-il pas se le dire à lui-même ? Descendant au fond de son cœur, il n'y voyait rien qui eût pu mériter le traitement qu'on lui faisait subir. Il eût pu dire comme le juste des justes dont il fut une touchante image : *pour lequel de mes bienfaits me persécutez-vous ?* Rien ne porte dans l'âme un sentiment plus douloureux, que celui de l'ingratitude ; il semble que l'on ressent doublement les injures que nous fait un homme de qui nous avions droit d'attendre de la reconnaissance. On ne peut retenir son indignation quand on entend le récit des torts d'un fils envers son père. Et Louis XVI n'était-il pas le père des Français ? Il les portait dans son cœur, et il se fit des ennemis de ses courtisans parce qu'il ne pouvait pas tolérer les dépenses de la Cour qui sont toujours payées par le peuple. C'était le peuple qu'il aimait, et c'était le peuple qui le livrait à ses bourreaux.

Cependant son ame angélique, après avoir embrassé d'un premier coup-d'œil le sort que les fauteurs de l'anarchie lui destinaient, s'éleva presqu'aussitôt vers celui de qui dépendent nos destinées; opposant aux vociférations une entière résignation, il soutint avec un calme parfait cette première épreuve, et ne s'occupa que de la Reine, de sa sœur et de ses enfans, se flattant toujours, comme on le voit dans son testament, qu'ils ne seraient point victimes des fureurs populaires et encore moins condamnés juridiquement.

CHAPITRE III.

Que l'on considère la compagne de Louis XVI comme femme, ou comme

Reine, sous lequel de ces points de vue ne serait-on pas frappé des maux qu'elle a soufferts dans ces affreuses journées qui précédèrent son entrée au temple ? Fut-il une mortelle dans son printems plus entourée de tout le prestige des vanités de son sexe ? La Nature avait tout fait pour elle. Qui l'a vue dans les jours brillans de sa jeunesse et n'a pas conservé le souvenir des grâces dont elle était parée ? La rose n'avait pas plus de fraîcheur, son teint était éblouissant ; son regard doux et imposant. Elle joignait l'élégance à la majesté ; elle réunissait à la dignité de son rang, les grâces de la plus aimable des femmes, et quand M. le Duc de Brissac lui dit à son entrée à Paris : *Madame, vous voyez dans tous les Français des amans.* Il disait une grande vérité, parce qu'il n'y avait point d'homme qui n'eût voulu trouver dans sa compagne les charmes de Madame la Dauphine. On l'adorait, on ne parlait que d'elle : dans les salons, dans les places publiques, son nom était répété avec ivresse; on citait les moindres mots qui sortaient de sa bouche. On eût voulu fixer l'aimable sourire qui errait sur ses lèvres. Là, disait-on, elle s'est émue à la vue d'un infortuné; là, elle a été au devant d'une famille malheureuse dont le chef a été blessé à la chasse par un cerf. Sans elle, disait un autre, cet homme vertueux eût succombé sous le poids de la calomnie : c'est elle qui s'est chargée de le protéger auprès du Roi et qui a fait revoir un jugement injuste. Parlait-on des sujets plus frivoles, on louait le goût qui présidait à sa parure. Elle rejetait la richesse des ornemens pour ne consulter que ce qui relevait l'éclat de ses charmes. On se pressait sur ses pas. On la voyait sans cesse, on ne l'avait jamais assez vue. Telle fut l'adoration des Français pour la fille de Marie-Thérèse; et il n'y avait pas assez d'années que cette Princesse avait reçu ces hommages pour n'en avoir pas conservé le souvenir. Combien, hélas! ce souvenir devait ajouter aux impressions déchirantes qu'elle ressentait! En vain depuis trois ans elle avait été en butte aux injures grossières de la horde soldée pour égarer le peuple. Ce n'avait jamais été que momentanément : l'ascendant qu'elle avait reçu du Ciel reprenait son empire, dès que la tourmente révolutionnaire se calmait. Son séjour aux Tuileries avait même rapproché d'elle une classe qu'elle avait méconnue jusqu'alors, je parle de la bourgeoisie qui ne pouvant prétendre aux premiers emplois de la Cour, et qui, n'étant pas moins fière que les nobles, par un motif différent n'aurait pas voulu en occuper de subalternes.

Cette classe d'où sont sortis Patru, Cochin, Corneille, Racine, Saci, Bourdaloue, Dumoulin, Mansard et tant d'autres, s'était constamment séparée et des grands et du peuple par ses mœurs et par son instruction; mais à l'instant où la distinction des parchemins se trouva abolie, à l'instant où l'on voulut que tout fût égal, ces hommes, depuis si longtems courbés, du moins à l'extérieur, devant la noblesse, relevèrent la tête, et la Reine sentit qu'elle ne devait pas repousser les femmes de ceux qui tenaient dans leurs mains le sort de la Famille Royale ; aussi avait-elle admis à sa Cour les femmes des députés du tiers ; mais celles-ci avaient des sœurs, des nièces, des amies qui briguèrent aussi l'honneur d'être admises au cercle de la Reine; elle les y reçut et fut aimable avec elles comme elle l'avait été avec les femmes de la Cour. Les Dames du tiers furent enchantées de la Reine, et lui prodiguèrent les preuves les plus touchantes d'attachement. Sa Majesté s'unit à elles pour soulager les malheureux, et, pendant le séjour de la Reine dans la Capitale, les plaisirs de la bienfaisance remplacèrent les fêtes de Versailles. Souvent, le lendemain du jour où les plus indécentes injures avaient été proférées sur la terrasse du Palais, la Reine paraissait au spectacle avec son fils, et ils étaient couverts des plus vifs applaudissemens. Ces instans où le Français reprenait son caractère faisaient passer dans l'ame de Marie-Antoinette une espérance fallacieuse, mais enfin suspendaient ses douleurs, tandis qu'au terrible moment que je retrace ici tout le monde l'abandonnait.

Sa pénétration ne lui laissa pas ignorer ce qu'elle avait à redouter comme épouse et comme mère. Portant tour-à-tour les yeux sur les objets de ses plus tendres affections, elle ne prévoyait que trop quel serait leur sort. Elle semblait s'oublier elle-même pour ne s'occuper que du Roi et de ses enfans; et dès cet instant elle déploya ce caractère de fermeté et de résignation qu'elle n'a jamais démenti dans tout le cours de sa captivité.

CHAPITRE.

CHAPITRE IV.

Et vous, ame céleste dont le nom rappelle toutes les vertus, auguste Elisabeth, que dûtes-vous penser lorsque vous entendîtes mettre en question si on oserait, ou non, prononcer la déchéance, mot oublié dans la langue française depuis trois cents ans. Ce n'est point la perte des grandeurs que vous redoutiez. Assise près du trône de France, ayant dédaigné de monter sur aucun autre, vous aviez constamment tenu vos yeux fixés sur celui que le divin législateur des chrétiens a promis à ses adorateurs; c'est là le but de vos désirs et de vos espérances. C'est la place éminente que la sainteté de Louis IX lui a méritée dans le Ciel qui fait toute votre ambition : dix siècles d'éclat dans ce monde périssable, que sont-ils auprès de l'éternité ? Et que serait ce long espace de prospérité même aux yeux de la philosophie ? Tout est périssable sur cette terre d'épreuve, et votre ame sublime n'a pu y borner ses pensées. Vous avez fait dès long-tems le sacrifice de votre vie à l'amour fraternel, ce chaste et tendre amour dont vous avez offert au monde le touchant modèle. Les vains honneurs qui ont environné votre berceau vous touchent peu, mais des intérêts majeurs même dans l'ordre de la religion vous occupent. Vous savez qu'il est des épreuves auxquelles la vertu la plus pure succombe, si Dieu ne la soutient. Vous êtes certaine de la pieuse résignation de votre auguste frère, de la grandeur d'ame de son héroïque compagne ; mais leurs enfans que leur tendre jeunesse met à l'abri des lois même révolutionnaires, et qui ne pourraient être frappés comme leurs infortunés parens des coups dont la déchéance du Roi n'est que le prélude, que deviendront-ils ? MADAME vient d'atteindre les beaux jours de l'adolescence ; et les grâces qu'elle tient de sa mère, et qui ne feront que s'accroître avec les années, ne seront-elles pas une infortune de plus ?... Qui veillera sur elle, disait Madame Elisabeth, si on nous sépare?... Cessez, chère et malheureuse Princesse, d'ajouter ces alarmes à tous vos maux. Qui veillera sur elle ? Celui qui l'a choisie pour reparaître dans notre patrie, comme on voit l'Aurore plus brillante et plus pure après les plus cruelles tempêtes. Qui veillera sur elle ? Vous, Elisabeth : votre esprit descendra des régions célestes pour faire autour de cette tendre fleur un rempart impénétrable au soufle empoisonné des méchans.... Elle sera seule abandonnée en apparence, elle souffrira de profondes douleurs; mais rien ne ternira la pureté de son ame; elle sortira de cette épreuve avec l'éclat de la colombe dont elle aura la fidélité.

Cependant si Madame Elisabeth se flatte que le caractère de vertu déjà prononcé dans MADAME empêchera que rien n'altère ses principes de religion et de morale, peut-elle se flatter qu'il en sera ainsi de Monsieur le Dauphin, plus jeune qu'elle de plusieurs années ? La raison des femmes, assez semblable aux fruits précoces, acquiert en peu de tems le dégré de perfection auquel elle peut atteindre, tandis que celle de l'homme qui prétend avec justice à la supériorité, quand il est parvenu à l'âge mûr, arrive plus lentement à ce point. Aussi y avait il une extrême distance pour le jugement entre MADAME et son frère, ce qui devait donner bien plus d'inquiétude ; d'ailleurs à cet instant où les révolutionnaires ne se glorifiaient pas encore de crimes inutiles, on pouvait penser que n'ayant rien à gagner à corrompre le caractère de la fille du Roi, ils n'en feraient pas l'odieuse tentative. Mais combien ne leur importait-il pas de détruire tout l'intérêt que les français, même ceux que l'on nommait alors patriotes, portaient alors au jeune Louis. Ils le feront mourir, disait Madame Elisabeth, en tournant vers lui ses yeux baignés de larmes, ils le feront mourir d'une mort lente et cachée, ou ils l'aviliront par la terreur. L'éducation d'un fils de Henri IV livrée à ces monstres! Ah! cette pensée est affreuse, et il fallait tout le courage et la piété de Madame Elisabeth pour la supporter. Elle n'ose la communiquer ni à son frère, ni à son auguste compagne, mais elle lit dans leurs yeux qu'ils partagent ses inquiétudes.

Et ces aimables enfans que pouvaient-ils penser?

MADAME, on peut le dire ici sans crainte d'être accusé de prévention, parce que c'est d'après ses grandes qualités qu'on peut juger ce qu'elle devait être à douze ans, MADAME resta calme dans cet affreux moment; et la noble assurance de son maintien dut faire penser que sans la faiblesse de son âge elle eût été aux Tuileries ce qu'elle a été depuis à Bordeaux. Sa fierté ne se démentit pas, et, toute entière aux souffrances de ses illustres parens, elle paraissait à peine s'occuper des siennes. Elle souffrait sans se plaindre l'excessive chaleur que la Famille Royale éprouvait dans la loge du logograghe et encourageait son frère par ses discours et par ses exemples. Le jeune Prince dont tant de malheurs avaient déjà fatigué les ressorts n'osait ni regarder ni penser ; le jour était pour lui la veille ; il ne voyait pas de lendemain. (1)

Des cris affreux , du sang , le bruit des armes, frappaient d'effroi ce faible enfant. Il ne comprenait pas quelle était la nature des malheurs qui l'attendaient, mais il se les figurait bien grands puisqu'ils avaient forcé le Roi et la Reine à quitter leur Palais , à venir dans cette vilaine petite loge où on étouffait , où il avait faim , soif, où il ne voyait aucun officier de la Maison du Roi. Il cherchait à lire dans les yeux de la Princesse, ce que

---

(1) Est-ce donc encore hier , disait cet infortuné, après les journées des 5 et 6 octobre.

tout cela signifiait, il le demandait à Madame la Marquise de Tourzel sa gouvernante, qui, pour toute réponse, le serrait contre son cœur, le couvrait de ses larmes. « Vous pleurez, Madame de Tourzel, lui disoit-il ; est-ce qu'ils nous tueront comme ils ont tué ces pauvres Gardes-du-Corps quand nous sommes venus à Paris ? Mais où sont donc mes bonnes amies de Souscy ? » (1)

MADAME n'était pas moins inquiète de sa chère Makau qu'elle aimait avec une tendresse presqu'égale à celle qu'elle avait pour la Reine, mais il n'y avait aucun moyen de pénétrer jusqu'à la Famille Royale. (2) Elle resta avec sa fille, Madame Fitte de Souscy, Melle.

---

(1) Les Marquises de Souscy, mère et brue, sous-gouvernantes des enfans de France, belle-sœur et fille de Madame la Baronne de Makau.

(2) Madame la Baronne de Makau, qui avait été sous-gouvernante des enfans de France, ainsi que sa belle-sœur Madame la Marquise Fitte de Souscy, était dans la chambre de la Reine, aux Tuileries, lorsque

Ernestine (1) l'émule de Madame, d'autres dames et les femmes de service. Elles attendaient, dans une situation impossible à rendre, l'issue de cette lutte terrible entre la vertu et le crime, quand tout-à-coup le bruit du canon annonce que le combat commence. Une fusillade terrible s'engage, les balles sifflent, et plusieurs traversent la chambre de la Reine. Nous allons périr, s'écriaient ces dames, non, dit Madame de Makau, mais ne restons pas ici, et, se levant, elle les engagea à la suivre. Elle connaissait tous les détours du château, et ainsi elles parvinrent par les escaliers intérieurs à la

―――――――――――――――

le département détermina leurs Majestés à se rendre à l'assemblée. Madame la Baronne de Makau avait été nommée par le Roi, gouvernante de Madame, sous la direction immédiate de la Reine. Il est aisé d'imaginer ce qu'elle dut souffrir, quand elle se vit séparée de son auguste élève.

(1) Cette jeune personne avait été élevée avec Madame. Son père périt sur l'échafaud, et l'on ne lui imputa d'autre crime que d'être le père de l'amie de la fille du Roi.

chambre de Madame de Makau qui était sous les combles. Là elles quittèrent leurs robes et se revêtirent d'habits fort simples, afin que, si la tourbe arrivait jusqu'à elles, on ne pût deviner qui elles étaient. C'est parce que leur vie pouvait être utile à leurs maîtres, qu'elles cherchaient les moyens de la sauver. Leur extérieur annonçait des personnes étrangères à la Famille Royale ; mais leurs cœurs tout entiers lui appartenaient. L'amour de son Roi et de son auguste Famille : voilà ce que Madame de Makau possédait au suprême dégré, voilà l'héritage qu'elle a légué à ses enfans. Madame de Makau et ses compagnes passèrent tout le tems de l'attaque dans cette chambre. Elles entendirent enfin que le feu avait cessé ; mais un autre genre de danger lui succéda : parmi cette horde de forcenés qui ne voulaient que la mort de ceux qu'ils croyaient leurs ennemis, se trouvaient de ces hommes qui n'ont d'autre loi que le brigandage, et qui pillent indifféremment Royalistes et Républicains. Ils se répandirent dans les appartemens du Château, brisèrent, déchirèrent tout ce qui tomba sous leurs mains ; ils arrivèrent jusque sous les combles, et parvinrent dans la chambre de Madame de Makau où les autres dames s'étaient réfugiées. Celles-ci ne trouvèrent d'autres moyens de se débarrasser des brigands que de leur donner tout ce qu'elles pouvaient avoir d'argent et de bijoux. Au même moment, vinrent quelques Gardes Nationaux qui tâchaient de s'opposer au pillage. L'un d'eux offrit à Madame de Makau, qu'il reconnut malgré son travestissement, de l'accompagner pour sortir du Château, ce qu'elle accepta ainsi que ses compagnes. Cet homme les conduisit chez Madame de Chazet rue des petits Champs. M[elles]. de Makau et de Souscy y restèrent jusqu'à ce que les barrières fussent ouvertes, et partirent ensuite pour Vitry, où leur retour chez Madame de Souscy la mère causa autant de joie que leur danger avait fait éprouver d'alarmes. Cette joie fut courte, car peu de jours après Madame de Makau fut arrêtée et conduite à l'Abbaye.

CHAPITRE V.

La Reine avait encore la consolation d'avoir près d'elle, Madame la Princesse de Lamballe, cette amie fidelle qui aima mieux mourir que de l'abandonner. Qu'on me permette de parler ici avec quelques détails d'une Princesse, dont les malheurs ne s'effaceront jamais de la mémoire des cœurs sensibles.

Madame la Princesse de Lamballe, fille de M. de Carignan, premier Prince du sang de la Maison de Savoie, descendait du grand Amédée, et était petite nièce de Madame la Duchesse de Bourgogne mère de Louis XV. (1)

(1) Femme du Duc de Bourgogne, petit-fils de Louis XIV, et élève de Fénélon.

Les Maisons de France et de Savoie avaient presque toujours été amies: François 1er., l'un de nos plus braves Chevaliers Français, était par sa mère petit-fils d'un Duc de Savoie : Cette Maison qui nous avait opposé des ennemis redoutables, entr'autres le Prince Eugène que Louis XIV avait négligé de s'attacher, fut fertile en héros, mais surtout en bons Princes. Leur autorité n'a jamais pesé sur leurs sujets. Les bons Allobroges, qui conservent encore des traits de leur ancien caractère, étaient attachés à leur Souverain comme des enfans à un père tendre. Le Prince ne les surchargeait point d'impôts pour subvenir aux dépenses énormes des Cours; la sienne était la maison d'un père de famille. La bonté, la bienveillance, se trouvaient auprès d'un trône dont la constitution était despotique, et le Prince n'usait de sa toute-puissance que pour faire du bien à son peuple.

Cette Cour, citée dans l'Europe pour

son agrément et son union, n'avait point encore donné à la France, deux Princesses qui ne devaient y briller que pour peu de tems, et s'y voir contraintes de fuir un pays qu'elles regardaient comme leur nouvelle patrie; mais l'une d'elles a laissé des Princes qui, remontés au rang de leurs ancêtres, illustreront encore le sang d'Amédée qui coule dans leurs veines.

Revenons à la belle et aimable Princesse qui précéda en France Madame, et Madame la Comtesse d'Artois. La Cour de Louis XV n'avait plus de jeunes Princesses. Mesdames, qui par leur amour filial, et leur haute piété, joints à des qualités aimables, avaient toujours été chères aux Français, commençaient à perdre les agrémens extérieurs que le peuple exige de tout ce qui est à la Cour. Elles désiraient vivre d'une manière plus tranquille, et attendaient avec impatience le moment où le mariage de Monsieur le Dauphin rendrait à ses goûts pour la solitude Madame Adélaïde, forcée depuis la mort de la Reine, de tenir la Cour. Le mariage de M le Prince de Lamballe en était le prélude. Six Princes devaient successivement subir le joug de l'hymen et donner à la Cour de France six jeunes et aimables Princesses. Mademoiselle de Carignan fut la première. Le Roi la reçut avec toutes les grâces imaginables. Elle lui rappelait sa mère dont le portrait placé dans sa chambre lui avait conservé le souvenir, quoiqu'il pût à peine prononcer son nom, quand la Parque pour le malheur de la France l'enleva ainsi que son époux.

Madame de Lamballe, que le Ciel avait destinée à des malheurs inouis, voyait, en entrant en France, s'ouvrir devant elle la plus brillante et la plus heureuse carrière. Elle épousait un jeune Prince d'une figure charmante, fils du plus vertueux et du plus aimable des petits-fils de Louis XIV. La fortune de M. le Duc de Penthièvre était immense, et le Roi l'honorait d'une estime particulière. M. le Duc de Penthièvre avait une fille dont je ne ferai point ici le portrait ; nous la possédons, et je craindrais que la faiblesse de mon pinceau retraçât mal les traits de mon modèle. Ceux qui reçoivent chaque jour des marques de bonté et d'affabilité de cette aimable Princesse, pourraient seuls en parler dans les termes qui lui conviennent ; je me bornerai à dire, que belle, vertueuse, elle mérite l'amour et le respect de tout ce qui a le bonheur de l'approcher. Telle fut la sœur, la compagne qui devait ajouter au bonheur que Madame de Lamballe avait droit d'attendre avec M. de Lamballe ; ce Prince, petit-fils de M. le Comte de Toulouse, (1) avait la sur-

---

(1) Fils de Louis XIV et de Madame de Montespan : il avait hérité des grands biens de Mademoiselle de Montpensier, par la mort de son frère le Duc de Maine. Mademoiselle de Montpensier avait donné toutes ses terres à ce dernier, pour avoir la permission d'épouser M. de Lauzun.

vivance de toutes les grandes charges que le fils de Louis-le-Grand donna à son fils le Duc de Penthièvre; il devait être grand Amiral, grand Veneur, Gouverneur de la province de Bretagne, l'une des plus importantes de France par son étendue, le nombre de ses ports et le caractère de ses habitans, à qui la tenue des états donnait encore une apparence de liberté, dans un tems où toute idée de gouvernement représentatif était éteinte en France. Ces belles attributions mettaient un grand nombre d'hommes sous la dépendance de M. le Duc de Penthièvre ; et, quoiqu'il se trouvât le dernier des Princes de la maison de France, il n'était pas celui qui eût moins de crédit dans le Gouvernement. Enfin, pour que rien ne manquât au bonheur de Madame de Lamballe, l'amour lui-même présida à cette union ; mais hélas ! un premier malheur, présage de ceux auxquels cette Princesse était destinée, la frappa dans l'objet de ses affections les plus chères. Au bout de quinze mois, le Prince, unique espoir de sa famille, mourut dans les bras de son père et de sa jeune épouse, avec les sentimens de religion qui seuls purent rendre supportable à Monsieur le Duc de Penthièvre une perte aussi cruelle. De ce moment Madame de Lamballe s'attacha plus tendrement que jamais au grand Amiral; elle eut pour lui le respect et l'attachement d'une fille, il eut pour elle la tendresse d'un père; il ne la distinguait pas dans son cœur de Madame la Duchesse de Chartres. On a vu ce Prince religieux passer en prière les trois jours qui précèdent le carême, et demander pardon à Dieu pour ses chères filles de la nécessité où elles croyaient être de se prêter aux folies consacrées par l'usage dans ces jours d'extravagance, et de paraître au bal de l'opéra. Madame la Princesse de Lamballe accompagnait son beau-père dans tous ses voyages, soit dans ses terres, soit en

Bretagne; et partout elle faisait l'agrément de sa Cour, par le charme de son esprit et la douceur inaltérable de son caractère. Souvent ses domestiques eurent des torts avec elle, jamais elle ne leur fit le moindre reproche. Cette bonté, que la dignité de son rang pouvait rendre extraordinaire, la faisait adorer dans sa maison et dans celle de M. le Duc de Penthièvre. Mais c'était surtout dans la chaumière des pauvres habitans des terres de ce Prince, que se déployait la générosité de la Princesse, ou pour mieux dire sa charité. Il y a-t-il en effet un mot plus expressif que celui qui désigne l'amour de nos semblables enté sur l'amour de Dieu, de qui seul la charité attend sa récompense. J'ai cité dans les mémoires de Lamballe (1) plusieurs traits qui prouvent avec quelle ferveur elle pratiqua cette vertu divine dans les jours de sa prospérité. Je ne le répéterai

―――――――――――

(1) Mémoires de Lamballe, 2 vol. in-12.

point ici : les vifs et profonds regrets que causa sa perte à tous les infortunés qui trouvaient en elle, ainsi que dans M. le Duc de Penthièvre, une ressource assurée contre le malheur, ont parlé bien plus haut que moi. Cependant une intrigue de Cour avait failli placer Madame de Lamballe sur le Trône dont elle eût été l'ornement. Le Roi était veuf et elle venait de perdre son époux. On voulait, en donnant au Roi une aussi charmante compagne, le préserver des pièges que tendaient sans cesse à ses passions les hommes vicieux qui l'entouraient ; mais ceux-ci surent rompre les ressorts qu'on avait employés, et Madame de Lamballe qui n'avait pas la moindre ambition personnelle, vit échouer ce projet sans chagrin ; sa liberté lui était plus chère qu'une vaine grandeur. Elle resta près du Duc de Penthièvre jusqu'au moment où l'arrivée de Madame la Dauphine à la Cour, lui donna des chaînes qui lui devinrent précieuses, par le vif attachement qu'elle conçut pour Marie Antoinette, attachement qui devint pour elle une source de peines, car il semblait que le sort prît à tâche de poursuivre cette malheureuse Princesse, au moment même où il semblait la combler de ses faveurs. Nommée par la suite grande maîtresse de la maison de la Reine, ce devait être pour Madame de Lamballe une source de bonheur et de crédit ; mais cette élévation et l'amitié sincère que la Reine lui témoignait éveillèrent l'envie, qui, si elle ne parvint pas à faire tomber la grande maîtresse dans une disgrâce complette, réussit au moins à refroidir la tendre affection que l'épouse du Monarque avait pour elle. N'en était-ce pas assez pour affecter vivement ce cœur si délicat et si sensible ? Pourtant elle ne s'abaissa point à solliciter une explication : elle respectait la Reine comme sa souveraine, mais elle l'avait aussi regardée comme son amie, et elle ne pouvait voir sans douleur que Marie

Antoinette partageât avec d'autres Dames de la Cour cette amitié qui lui était si chère; elle s'éloigna, et put ainsi donner beaucoup plus de tems à M. le Duc de Penthièvre, qui bénissait le Ciel d'avoir fait rencontrer à sa chère fille de Lamballe, (c'est ainsi qu'il l'appelait,) des obstacles à la haute faveur, et les tracasseries des courtisans pour la dégoûter du monde, dont l'air est toujours contagieux. Cependant le Prince connaissait trop les égards que les Membres, même de la Famille Royale, doivent au Roi et à son auguste compagne, pour souffrir que sa belle-fille se retirât entièrement de la Cour ; aussi y paraissait-elle dans toutes les cérémonies d'éclat, et toutes les fois que ses services pouvaient être agréables à la Reine. Elle ne manqua jamais de se trouver à Versailles aux couches de cette Princesse ; néanmoins il paraît certain que Madame de Lamballe eut peu de crédit pendant les années qui précédèrent la révolution.

Ce qui honore singulièrement sa mémoire, ce fut sa conduite avec la Reine, lorsque Sa Majesté fut exposée aux traits de la plus noire et de la plus absurde des calomnies. Elle se rapprocha alors de Marie Antoinette, et elle ne s'occupa qu'à détruire les impressions fâcheuses que les ennemis de cette Princesse cherchaient à répandre, et qui contribuèrent à préparer la révolution. On sait que Madame de Lamballe fut à Londres, et l'on assure qu'elle entreprit ce voyage pour arrêter la publication d'un libelle infâme contre la Reine, et qu'elle y réussit. On la vit depuis cet instant beaucoup plus assidue auprès de Sa Majesté. Il semblait qu'elle prévoyait les suites que devait nécessairement avoir la criminelle audace des ennemis de la femme de Louis XVI; elle devinait qu'on ne se bornerait plus à abreuver cette Princesse de dégoûts; qu'on irait plus loin, et que ceux qui avaient juré sa perte, ébranleraient plutôt le Trône que de l'y laisser paisible. Ce fut une raison pour que la grande maîtresse témoignât plus d'attachement à son auguste amie ; bientôt elle lui fit le sacrifice de sa vie, en refusant constamment de retourner à la Cour de Savoie, aimant mieux mourir près de son respectable beau-père, que d'aller vivre au sein de sa propre famille, où elle eût été, du moins pour quelque tems, à l'abri de la tempête. La Reine elle-même l'engageait à mettre ses jours en sûreté, mais Madame de Lamballe ne voulut rien entendre de tout ce que l'amitié lui répétait sans cesse. Il suffisait qu'il y eût quelque mouvement dans les faubourgs pour qu'elle se rendît aussitôt au Château, et qu'elle ne quittât pas d'un moment la Famille Royale. Ce dévouement lui rendit sa place dans le cœur de sa souveraine, dont elle adoucissait les douleurs par les tendres consolations d'une amitié généreuse.

Enfin la cruelle catastrophe, qui de-

vait combler la mesure des crimes révolutionnaires, arriva : Madame de Lamballe suivit le Roi et la Reine à l'assemblée législative, et partagea avec eux toutes les incommodités qui résultaient de leur séjour dans la loge du logographe. Qu'on se figure tout ce que dut souffrir cet ame fière et sensible, car ces deux qualités sont inséparables, lorsqu'elle vit avec quel dédain on traitait le Roi, lorsqu'elle vit qu'on ne semblait pas s'apercevoir qu'il fût là, ou qu'on ne s'en souvenait que pour le plaisir de l'abreuver d'outrages. Au moins se flattait-elle que rien ne la séparerait de la Reine : la mort de cet infortunée Princesse était résolue, Madame de Lamballe ne voulait pas lui survivre : elle voulait que ses yeux mourans pussent se tourner vers elle, que sa main pût serrer la sienne dans les derniers instans ; mais les monstres qui avaient résolu de priver la France de ses plus beaux ornemens par la mort de ces aimables Princesses, voulurent
en

en les séparant, accroître leurs maux de tout ce qui pouvait les rendre insupportables.

Madame de Tourzel, dans le moment affreux où elle avait suivi M. le Dauphin, avait fait à ce jeune Prince le plus grand sacrifice qu'une mère pût faire. Elle laissait sa fille, sa chère Pauline, au Château sans savoir ce qu'elle deviendrait. Aussi quel dut être son effroi lorsque le bruit du canon se fit entendre ! Alors elle crut ne jamais revoir l'objet de ses plus chères affections, et son ame brisée de douleur ne savait ce qui devait le plus l'alarmer, ou des dangers que sa fille pouvait courir loin d'elle, ou des motions atroces que les députations des sections venaient faire sans cesse à la Barre de l'assemblée et dont on ne perdait pas un mot dans la loge où était la Famille Royale. Madame de Tourzel, avant de quitter les Tuileries, avait remis sa fille entre les mains de Madame de Tarente, en la lui recommandant comme le plus précieux dépôt qu'elle pût lui confier. Madame de Tarente lui avait juré de mourir avec elle. Hélas ! dans ces horribles momens la mort était le moindre des maux qu'on eût à redouter. Parmi les victimes qui semblaient dévouées, on comptait encore au Château MM^{es}. de la Roche-Aymon, de Ginestons, et les femmes-de-chambre de service. Elles étaient descendues dans l'appartement de la Reine. Elles y entendirent tout le bruit du combat. Lorsque le Château fut conquis, les Marseillais pénétrèrent dans l'asile qui les recélait. Ils enfoncent les portes, et le premier objet qui frappe les yeux de Madame de Tarente est le corps du garçon de la chambre, Diet, qui avait été massacré en défendant l'entrée de cet appartement. Madame de Tarente, moins inquiète pour la conservation de sa vie que pour l'honneur de Melle. de Tourzel que sa respectable mère avait confiée à sa garde, surmonte l'horreur invincible que lui inspiraient ces monstres, affronte le danger, harangue les Marseillais, gagne du tems, donne à la Garde Nationale celui d'arriver, et finit par obtenir pour elle et ses compagnes un asile et une garde. Ce ne fut que quelques heures après qu'elles purent sortir du Château; encore leur fallut-il passer le Pont Royal et traverser tout l'espace qui se trouve entre ce Pont et celui de Louis XVI, le long de la Seine au bas du Quai, afin de ne point être vues.

La maison de M. de Clermont-Tonnerre fut dès le matin investie par le peuple, sous prétexte qu'elle contenait des armes. Il fut conduit à la section; la visite se fit, et il fut reconnu innocent. Après cette déclaration, il crut pouvoir retourner tranquillement à son hôtel pour y rassurer son épouse sur son sort. Ses amis lui conseillaient de se cacher. M. de Clermont ne voulut point se rendre à leur avis, et sortit au milieu de la tourbe des assassins. Quelques personnes applaudissent, d'autres le menacent. Il harangue la multitude à plusieurs reprises; il a d'abord quelque succès, mais un cuisinier qu'il avait chassé vient exciter contre lui la populace. Un coup de faulx qu'il reçoit sur la tête l'avertit que son heure fatale est sonnée. Il monte jusqu'au quatrième étage de la maison de Madame de Brissac, rue de Vaugirard ; mais la blessure qu'il a reçue est profonde, et la perte de son sang ne lui laisse plus de forces : il tombe et expire. Les forcenés l'ont suivi, et, le trouvant sans vie, le rapportent mort à la multitude, mais tellement défiguré que ses amis qui volaient à son secours peuvent à peine le reconnaître. Hélas ! il ne fut pas la seule victime choisie parmi les amis du Roi. Je ne rapporterai pas les meurtres qui signalèrent cette affreuse journée. J'ai consacré ces pages aux augustes victimes, et je n'ai retracé quelques traits de celles d'un rang moins élevé que pour peindre les douleurs que leurs pertes faisaient éprouver à la Famille Royale.

CHAPITRE VI.

L'Assemblée, qui jusques là avait paru, si l'on peut s'exprimer ainsi, le quartier général de l'insurrection, prit enfin le parti d'agir et de consommer son projet. La constitution chancelle, elle va tomber.

Vergniaud monte à la tribune au nom de la commission extraordinaire. Je viens dit-il, vous présenter une mesure bien rigoureuse ; mais je m'en rapporte à la douleur dont vous êtes pénétrés, pour juger combien il importe au salut de la patrie que vous l'adoptiez sur-le-champ. En conséquence il lit le décret suivant qui est en effet adopté.

Article premier.

« Le peuple Français est invité à for-
» mer une convention nationale: la com-
» mission extraordinaire présentera de-
» main un projet pour indiquer le
» mode et l'époque de cette convention.

Art. II.

« Le chef du pouvoir exécutif est pro-

» visoirement suspendu de ses fonctions,
» jusqu'à ce que la convention nationale
» ait prononcé sur les mesures qu'elle
» croira devoir adopter pour assurer la
» souveraineté du peuple, et le régime
» de la liberté et de l'égalité.

Art. III.

« La commission extraordinaire pré-
» sentera dans le jour un mode d'orga-
» niser un nouveau ministère. Les minis-
» tres actuellement en activité continue-
» ront provisoirement l'exercice de leurs
» fonctions.

Art. IV.

« La commission extraordinaire pré-
» sentera également dans le jour un
» projet de décret sur la nomination du
» Gouverneur du Prince Royal.

Art. V.

« Le payement de la dette civile
» demeurera suspendu jusqu'à la déci-
» sion de la convention nationale.

Art. VI.

« Les registres de la liste civile seront

» déposés sur le bureau de l'assemblée
» nationale, après avoir été côtés et
» paraphés par deux commissaires de
» l'assemblée qui se transporteront à cet
» effet chez l'intendant de la liste civile.

Art. VII.

« Le Roi et sa Famille demeureront
» dans l'enceinte du corps législatif jus-
» qu'à ce que le calme soit rétabli dans
» Paris.

Art. VIII.

« Le département donnera des ordres
» pour leur faire préparer dans le jour
» un logement au Luxembourg où ils
» seront mis sous la garde des citoyens
» et de la loi.

Art. IX.

« Tout fonctionnaire public, tout
» soldat, sous-officier, officier de
» tel grade qu'il soit, et général d'armée,
» qui dans ces jours d'alarmes aban-
» donnera son poste, est déclaré infâme
» et traître à la Patrie.

Art. X.

« Le département et la municipalité
» de Paris feront proclamer sur-le-
» champ et solennellement le présent
» décret.

Art. XI.

« Il sera envoyé par des courriers ex-
» traordinaires aux quatre-vingt-trois
» départemens qui seront tenus de le
» faire parvenir dans les vingt-quatre
» heures aux municipalités de leur res-
» sort pour y être proclamé. »

La commission extraordinaire propose un projet d'adresse aux Français.
Il est adopté ainsi qu'il suit :

« Depuis longtems de vives inquié-
» tudes agitaient tous les départemens ;
» depuis longtems le peuple attendait
» de ses représentans des mesures qui
» pussent le sauver. Aujourd'hui les
» citoyens de Paris ont déclaré au corps
» législatif qu'il était la seule autorité qui
» eût conservé leur confiance ; les mem-

» bres de l'assemblée nationale ont juré
» individuellement, au nom de la Nation,
» de maintenir la liberté et l'égalité, ou
» de mourir à leur poste : ils seront
» fidèles à leur serment.

« L'assemblée nationale s'occupe de
» préparer les lois que des circonstances
» si extraordinaires ont rendues néces-
» saires ; elle invite les citoyens, au nom
» de la Patrie, à veiller à ce que les
» droits de l'homme soient respectés, et
» les propriétés assurées. Elle les invite
» à se rallier à elle, à l'aider à sauver la
» chose publique, à ne pas aggraver,
» par de funestes divisions, les maux
» et les dangers de l'empire.

» L'assemblée nationale déclare infâ-
» me et traître envers la Patrie, tout
» fonctionnaire public, tout officier et
» soldat qui désertera son poste, et n'y
» attendra pas avec soumission les ordres
» de la Nation exprimés par ses repré-
» sentans. »

Des Gardes Nationaux vinrent avertir

l'assemblée que le feu s'était manifesté au Château des Tuileries. Ils réclamèrent le secours des pompiers employés au service de l'assemblée.

L'assemblée chargea son président de donner les ordres les plus prompts aux pompiers, et décréta que la municipalité et les commissaires des sections réunis à la commune prendraient sur-le-champ les mesures les plus actives pour arrêter l'incendie. Et ainsi ce beau Palais échappa à la fureur insensée du peuple.

L'assemblée s'occupa ensuite de l'organisation du ministère ; de la forme qu'elle donnerait à ses décrets pendant la suspension du Roi ; du mode qu'elle employerait pour les faire parvenir aux départemens, et s'assurer que l'envoi en avait été fait.

L'empressement où l'on était de faire connaître au peuple que l'on avait suivi ses volontés, ou plutôt celles qu'on lui dictait, fit prendre à l'assemblée le parti de faire une analyse du décret de suspension du pouvoir exécutif en ces termes :

« L'assemblée nationale décrète. 1°. Que le Roi est suspendu.

« 2°. Que le ministère actuel n'a pas la confiance de la Nation, et que l'assemblée va procéder à le remplacer.

« 3°. Que la liste civile cesse d'avoir lieu. »

L'assemblée ordonna la publication la plus prompte et l'affiche de cette analyse.

Une foule de membres se pressait autour du bureau pour en multiplier les copies.

CHAPITRE VII.

Après ce décret, on décida que le Roi, les Princesses et M. le Dauphin iraient passer la nuit dans quatre petites chambres qu'on avait préparées au Couvent des Feuillans qui existait encore; (1) mais on ne pensa pas à leur

(1) C'était le logement de l'architecte de cette maison.

nourriture : ils ne prirent pendant toute cette affreuse journée que quelques fruits et de l'eau de groseilles.

Mesdames Thibaut, Bazire, Navarre et Saint-Brice, femmes-de-chambre de la Reine et des Princesses, étaient parvenues, après bien des dangers, à se rendre aux Feuillans, et Melle. Pauline de Tourzel avait enfin rejoint sa mère, se trouvant heureuse de partager avec elle l'honneur de périr avec ses maîtres.

Cinq Chevaliers Français qui avaient juré de ne point abandonner le Roi, étaient restés auprès de la Famille Royale. Je placerai ici leurs noms afin qu'ils reçoivent de ceux qui liront ce récit le tribut d'admiration que leur noble dévouement doit inspirer. Ce furent M. le Prince de Poix, fils du Maréchal de Mouchy, (1) M. le Duc de Choiseuil, MM. de Briges, de Goguelat et Aubier. Ils étaient résolus à ne jamais

---

(1) De la maison de Noailles.

se séparer du Roi, mais ils ne savaient pas encore à quels hommes ils avaient affaire; ils ignoraient que la vertu et le courage ne pouvaient servir de rien contre la masse révolutionnaire qui accablait de son poids formidable tout ce qu'elle avait juré d'anéantir.

Ces braves Chevaliers Français veillèrent dans la première pièce du nouvel asile où un peuple en délire laissait encore à celui auquel il avait ôté la couronne une apparence de liberté. Le Roi couchait dans la seconde. La Reine, Madame Elisabeth, Madame et Monsieur le Dauphin dans la troisième. Madame la Princesse de Lamballe, Madame et Melle. de Tourzel et les femmes des Princesses passèrent la nuit dans la dernière sur des matelas qu'on avait étendus par terre.

Tous ceux que renfermait ce triste réduit ne pouvaient prendre aucun repos, excepté Monsieur le Dauphin : il était encore dans l'âge heureux où le sommeil suspend toutes les douleurs. Quant à la Reine et aux Princesses, si leurs paupières appesanties par la fatigue se fermaient un instant, les songes les plus sinistres leur retraçaient les scènes horribles de la veille. Le Roi, le Roi surtout, était abandonné au plus sombre désespoir. Qu'on se rappelle le caractère de ce Prince, son horreur pour le sang, et on jugera de ce qu'il devait souffrir en pensant au nombre de ses sujets qui avaient péri depuis vingt-quatre heures. Il savait que d'environ 800 Suisses, seule garde qu'on lui avait laissée, cent dix au plus s'étaient soustraits à la fureur de leurs bourreaux, qui, non contents de les priver de la vie, avaient outragé ces victimes même après leur mort. Plusieurs avaient été massacrés dans la cour des Feuillans ; leurs cris avaient pénétré jusqu'aux cœurs de leurs Majestés; Elles en avaient frémi d'horreur. Dans la nuit, elles croyaient encore les entendre; et, frappées de terreur, elles se réveillaient au bruit confus qui ne cessait point autour de cette triste enceinte ; car le peuple ne se retira point à la fin du jour suivant sa coutume. Voulant encore repaître ses yeux de la vue des corps mutilés des serviteurs du Roi, il se donna pendant la nuit l'horrible récréation de livrer aux flammes les cadavres de ceux qui avaient été assassinés sur le Carrousel, dans le Château et sur la terrasse. Les autres furent transportés dans les carrières de Montmartre. Ces furieux avaient mis le feu à des bâtimens contigus au Château, et ce n'est qu'en les abattant qu'on avait empêché l'incendie de se communiquer au Palais des Tuileries. Ce fut dans les débris enflammés de ces bâtimens qu'ils jetèrent les restes inanimés de leurs victimes ; c'était autour de ce bûcher d'horrible mémoire, que, tout couverts de sang et de fumée, ces cannibales dansaient en poussant des hurlemens, et chantant contre le Roi et la Reine des couplets infâmes que leurs complices répétaient sous les fenêtres de l'appartement ou l'on avait permis au Roi et à sa famille de chercher quelques instans de repos.

Ce qu'on a peine à comprendre et ce qui pourtant ne fut que trop réel, c'est que le Roi et son auguste épouse purent se soumettre aux volontés de leurs sujets, aussi facilement que les derniers des hommes se conforment à celles de leurs maîtres.

Habituée depuis longues années à réfléchir sur les étonnantes révolutions qui se sont succédées, je n'ai jamais pu concevoir par quelle raison tout changea ainsi de forme dans un instant. Ce que je vais dire ici du Roi et de son auguste Famille, il faut le dire de tous ceux dont la destinée était naturellement attachée à la leur. Comment tout ce qui était grand, noble, riche, instruit, recommandable par des fonctions respectables, céda-t-il tout-à-coup à ce qui avait été ses vassaux, ses ouvriers, ses valets?

Comment se laissaient-ils conduire en prison, comment se décidaient-ils à se plier, plus ou moins suivant leur caractère, au régime bizarre qu'on avait introduit en France ? Comment pouvaient-ils répondre à l'appel que de prétendus Magistrats leur faisaient chaque jour ? Comment pouvaient-ils supporter le ton familier et insolent de ces hommes qui prenaient la licence pour la liberté ? Qu'espérait-on d'une pareille condescendance ? *La vie !* Eh ! l'on n'a que trop vu que ce n'était pas même un moyen de l'obtenir. Mais qui nous avait donné l'exemple de cette soumission inconcevable ? Le Roi et sa Famille. Quand je relis avec un sentiment douloureux les annales de ces tems, et quand je vois que le Roi, après avoir passé seize heures dans la loge du logographe, est conduit dans ces chambres dont nous avons parlé, où au moins il n'entendait pas les motions sanguinaires, les décrets criminels de l'assemblée, je me demande comment il put consentir à retourner le lendemain à dix heures du matin dans cette même loge ? Qu'avait-on besoin qu'il y fût, si ce n'était pour ajouter l'insulte à l'insulte ? Sa Majesté ne pouvait-elle pas dire à ces fauteurs de l'anarchie : vous m'avez attiré dans un piège ; vous m'avez suspendu de mes fonctions, quoique vous n'en eussiez pas le droit ; vous avez livré mon Palais aux brigands qui l'ont pillé, et même l'eussent brûlé, si votre intérêt ne vous eût pas forcés à faire éteindre les flammes. Vous étiez cent mille contre dix ; je n'ai pu arrêter vos abominables complots, mais vous ne pouvez rien sur ma volonté; je n'obéirai point à ceux qui furent mes sujets. Je n'irai point, par ma présence et celle de ma famille, sanctionner en quelque sorte vos crimes révolutionnaires. Je n'irai point volontairement au milieu de vous. J'ai pu croire hier qu'en me rendant à l'assemblée, je faisais un acte de prudence, et que je préviendrais ainsi la guerre civile qui menaçait Paris. Je croyais que les représentans du peuple respecteraient le descendant de ses Rois, que nous pourrions concerter des mesures efficaces pour ramener l'ordre et la paix ; mais, loin de là, vous nous avez abreuvés, moi et toute ma famille, pendant seize heures, de tout ce que l'insulte et l'outrage ont de plus amer. Il ne peut plus exister de rapport entre vous et moi. Donnez-moi un cachot ou mon Palais, mais non un asile au milieu de mes persécuteurs. Je ne veux ni vous voir ni vous entendre. Je reste ici, osez m'en arracher ! Mais que dis-je ? Et quelle est mon erreur ! Grand Roi, qui m'entends du haut du Ciel, pardonne-la moi.

C'est ainsi en effet qu'eût parlé l'orgueil humain. L'homme qui ne voit rien au-delà de la vie, qui met l'honneur au-dessus de la vertu, eût trouvé dans une pareille conduite cet héroïsme qui exalte l'imagination, et met au premier rang les mortels qui bravent tout, pour ne rien perdre des grandeurs temporelles; mais Louis XVI avait puisé dans les livres sacrés, une morale bien différente de celle du siècle : non content d'être exempt des crimes qu'on lui imputait, et d'avoir pour juge le Dieu de toute équité, il croyait encore devoir à des sujets qu'il aimait comme ses enfans, de se justifier à leurs yeux de tout ce que la calomnie publiait contre lui. Il ne redoutait point l'examen impartial de sa conduite, parce qu'il savait qu'elle était pure comme son cœur; il se voyait, ainsi que son divin maître, livré à ses propres sujets, et c'est à lui seul qu'il rapportait toutes ses pensées. Il savait d'ailleurs que ce n'était qu'une très-faible portion de la nation qui voulait sa déchéance ; il croyait donc qu'en n'irritant pas les bêtes féroces qui étaient prêtes à le dévorer, il donnerait le tems à la majorité de s'opposer au dessein d'une insolente minorité. Vain espoir ! La plus grande partie de la noblesse avait quitté la France, le reste était en prison; l'armée obéissante avait pour chefs des hommes égarés ou criminels; et d'ailleurs les citoyens paisibles se mêlent rarement des intérêts politiques. Il n'y avait donc *d'activité* (1) pour me servir d'un terme alors très-usité, que parmi la tourbe soldée par des scélérats, qui ne voyait dans nos discordes qu'un moyen de s'enrichir aux dépens des particuliers et de l'Etat.

Que pouvait donc attendre ce malheureux Monarque? Il espérait. On sait à quel point le Roi chérissait la Reine et ses enfans qui avaient fait jusqu'à ce moment sa joie et son espoir. Ah! l'on peut pour soi braver la mort; mais livrer ce qui nous est si cher aux bour-

---

(1) On avait divisé les Français en citoyens actifs et non actifs. D'abord on n'était actif, c'est-à-dire on n'avait le droit de voter, qu'en payant une certaine quotité d'impôt; mais bientôt on admit à ce droit les dernières classes de la société, qu'on savait plus faciles à égarer.

reaux, voilà ce qui ne pouvait s'accorder avec le cœur sensible du Roi; et la Reine, malgré l'énergie de son caractère, avait prouvé plus d'une fois qu'il n'est rien dont l'amour maternel ne rende capable. (1) Le Roi donc souscrivit à tout ce que l'assemblée décidait sur son sort et celui de sa famille; et ayant reçu *l'ordre*, j'écris ce mot en frémissant, de se rendre comme la veille dans la loge du logographe, il s'y rendit à dix heures du matin. Le Roi et sa famille y restèrent toute la journée du samedi, qui ne fut guère moins douloureuse que celle de la veille.

---

(1) La Reine, étant allée voir la manufacture des glaces du Faubourg St.-Antoine, s'y trouvait entourée d'une grande foule de peuple. Une femme s'approche d'elle et lui demande : *où donc est le Dauphin? Je l'ai laissé à la maison*, répondit la Reine. Tiens, dit cette femme à une de ses compagnes, on la disait si orgueilleuse, et tu vois bien qu'on a tort, car elle parle comme nous. Qui inspirait à la Reine ces manières populaires? L'amour de ses enfans.

Journal des débats. Avril 1816.

En rentrant aux Feuillants, la garde nationale fut relevée. Il y avait quarante heures qu'elle ne quittait pas le Roi. Il fut encore toute la journée du dimanche dans la loge, où de nouveaux dangers se succédaient à chaque instant.

Le plus grand fut celui où les hommes des faubourgs vinrent demander à grands cris les têtes de quelques suisses qui étaient prisonniers au corps-de-garde des feuillants. Les menaces qu'ils vomirent firent pâlir d'effroi même leurs chefs ; et Vergniaud, qui occupait le fauteuil, ne put s'empêcher de s'écrier : Oh ! les cannibales ! La terreur fut telle que M. Calon, Inspecteur de la salle, vint prier le Roi et sa famille de se retirer dans le corridor qui était derrière la loge, quand ils verraient entrer le peuple, ne pouvant répondre jusqu'où se porterait sa fureur. Ce fut à cet instant que le Roi, frappé du danger que couraient alors ses fidèles serviteurs, les pria de s'éloigner ; ils ne le voulurent point ; et, la journée finie, le Roi se retira aux Feuillants comme les jours précédents.

Il espérait enfin goûter quelque repos, et pouvoir s'entretenir librement avec ceux qui le servaient ; mais tout-à-coup la garde nationale qui était de service à ce poste fut relevée. Elle fut remplacée par des hommes inquiets, jaloux et méchans, qui, pour faire ôter à ce malheureux Prince toute espèce de liberté, allèrent dire à l'assemblée qu'on avait formé le projet de l'enlever avec sa famille. De prétendus députés de la commune appuyèrent cette assertion mensongère, en disant qu'il y avait beaucoup de fausses patrouilles. Comment voulez-vous, dit l'un d'eux, que nous répondions de l'existence du Roi, si nous laissons approcher de lui des gens que nous ne connaissons pas ? Qu'on nous donne, s'écrie le député *Choudieu*, la liste de tous ceux qui servent le Roi ! Que sa garde, dit un troisième, soit de quinze volontaires et

quinze

quinze gendarmes; que le Commandant en réponde, ajoute un quatrième. Merlin (de Thionville) membre du comité de surveillance, traversant le corridor, aperçoit le Duc de Choiseuil. « *Vous êtes toujours avec le Roi*, lui
» dit-il. — *Oui*, répond le Duc, *je ne*
» *l'ai pas quitté, et j'espère n'en être*
» *jamais séparé.*—*C'est bien*, répliqua
» Merlin en lui serrant la main avec une
» sorte d'affabilité. »

La garde fut changée, et le Roi, malgré cette résignation, cette patience qui ne le quittaient pas un instant, ne put supporter les propos atroces de ceux qui avaient été choisis dans la lie du peuple pour remplir cette honorable fonction. Ces propos menaçans étaient particulièrement dirigés contre les amis du Roi qui ne voulaient pas l'abandonner dans ce moment de crise et de danger. Sa Majesté demanda les inspecteurs de la salle pour se plaindre de sa garde. Calon répliqua que cette garde qu'on accusait, répondait du Roi et de la Famille Royale, mais non de ceux qui s'obstinaient contre la volonté du peuple à rester auprès des prisonniers; qu'il fallait les éloigner, ou que l'assemblée ne pouvait s'opposer à de nouveaux malheurs. La Reine voulut en vain employer la sensibilité et l'énergie qu'elle avait reçues de la nature; ces cœurs de bronze n'en furent point émus. Le Roi répondit avec sang-froid à M. Calon : *je suis donc en prison, Messieurs ? Charles* 1er. *fut plus heureux que moi, il conserva ses amis jusqu'à l'échafaud.*

Au même instant on vint avertir le Roi que le souper était prêt. Il passa dans la salle où il était servi ; ce fut la dernière fois qu'il put l'être par ses fidèles serviteurs. Eh ! quel repas ! La plus profonde tristesse régnait dans tous les cœurs et était peinte sur tous les visages. Le Roi ne mangea point, mais il n'en prolongea pas moins ces douloureux moments, car il n'y avait plus aucun doute qu'il fallait se séparer de ses amis. Le décret qui ordonnait l'arrestation de la Famille Royale, était promulgué ; les ordres étaient donnés à Santerre pour les faire exécuter ; je les transcris ici, ces ordres barbares, pour que l'on sache jusqu'où l'assemblée porta l'audace.

Ordre de conduire le Roi au Temple.

Du 12. « L'assemblée nationale dé-
» crète que le Roi et sa famille sont con-
» fiés, en conformité de la loi, à la
» garde et *aux vertus* des citoyens de
» Paris ; qu'en conséque nce les repré-
» sentans de la commune pourvoiront
» sans délai et sous leur responsabilité,
» à leur logement, et prendront toutes
» les mesures de sûreté que la sagesse
» et l'intérêt national exigent. *Signé*
» Merlet, *Président*; Choudieu, Le-
» cointe-Puiraveaux, *Secrétaires.* »

Conformément au décret ci-dessus, le conseil général de la commune a choisi le Temple pour le lieu de la résidence du Roi et de sa famille, et a chargé le Commandant général provisoire de prendre toutes les mesures qu'il jugera convenables, pour assurer l'exécution de ce décret.

Ordre du Commandant général provisoire.

» Le Commandant général provisoire
» des sections armées, invite tous les ci-
» toyens de toutes armes à concourir à
» l'exécution de ce décret.

» Deux détachemens de cavalerie
» ouvriront et fermeront la marche.

» La cinquième légion occupera, par
» ordre de bataillon, depuis la porte des
» feuillants, la Place Vendôme, la rue
» neuve des Capucines, le Boulevard
» jusqu'au jardin de l'ancienne Mairie.

» Depuis ce jardin jusqu'à la rue de
» Richelieu, la sixième légion.

» Depuis la rue de Richelieu jusqu'à
» la Porte St.-Denis, la troisième légion.

» Depuis la Porte St.-Denis jusque
» vis-à-vis l'opéra, la deuxième légion.

» Depuis le coin du Boulevard jus-
» qu'au Temple, la première légion.

» Depuis l'opéra jusqu'à la rue du
» Temple, la quatrième légion.

» MM. les Chefs de légions et Com-
» mandants de bataillons laisseront à
» leurs quartiers respectifs deux cents
» hommes. Ceux qui ont dans leur ar-
» rondissement les caisses publiques et
» les prisons, doubleront leurs postes.

» Il est bien essentiel que les barrières
» soient exactement gardées.

» Le Commandant général provisoire
» observe que la garde des barrières
» cessera très-incessamment, et que le
» service supporté par tous les citoyens
» des sections, tant à l'assemblée na-
» tionale que chez le Roi et à tous les
» postes, deviendra très-léger. Il re-
» commande à tous les citoyens d'obser-
» ver, sous les armes, la plus exacte
» tenue.

» Il n'y aura que la garde du Roi de
» service aujourd'hui, qui l'accompa-

» gnera et marchera; les autres reste-
» ront à poste fixe.

» Toutes les légions seront rendues à
» deux heures précises, aux postes qui
» viennent de leur être indiqués.

» Le Roi partira des feuillans à trois
» heures précises. *Signé* Santerre,
» Commandant général provisoire des
» sectons armées. »

Instruit de ces différentes mesures, le Roi donna aux fidèles serviteurs qui l'environnaient l'ordre de se retirer; il les embrassa au milieu des larmes et des sanglots; il leur fit embrasser ses enfans, déjà il semblait leur faire un éternel adieu. La Reine leur dit avec cette grâce qui la caractérisait : « Ce n'est que de ce mo-
» ment, Messieurs, que nous commen-
» çons à sentir toute l'horreur de notre
» situation; vous l'avez adoucie par vos
» soins et votre dévouement; ils nous
» avaient empêchés de nous en aperce-
» voir jusqu'à présent, et notre recon-
» naissance !........ »

A ces mots la garde monte pour saisir ces courageux chevaliers ; ils purent heureusement se soustraire par un escalier dérobé. Ils se séparèrent ensuite pour ne pas être reconnus par le peuple. M. de Rohan-Chabot était alors membre du comité de sa section ; il avait passé la nuit précédente en garde national auprès du Roi. L'empressement de ses soins le fit soupçonner. Il fut arrêté, traduit à la barre de l'assemblée, et de là jeté dans les cachots de l'Abbaye où il fut massacré, dans les affreuses journées des 2 et 3 septembre 1792 ; mais n'anticipons pas sur cette seconde insurrection, qui n'eut pas des résultats aussi importans que celle du 10 août, quoiqu'elle fut bien plus atroce ; et terminons le récit de celle-ci par ce qu'en dit M. Pelletier, (1) dont le pinceau en

---

(1) Ce morceau est pris en entier dans la révolution du 10 août, par Pelletier.

signala les auteurs avec une force et une vérité qui n'ont point d'égales en ce genre.

CHAPITRE VIII.

» Cette insurrection étant devenue le titre de gloire que réclament aujourd'hui des législateurs parjures, il ne faut plus en chercher les auteurs. Chabot, dans le journal des Jacobins du 7 novembre, en a fait le récit avec candeur. Barbaroux est convenu depuis peu qu'elle était arrêtée dès le 29 juillet dans le directoire secret, qui se tenait à Charenton. Pétion, dans son discours sur Robespierre, réclame la portion de gloire qui lui revient de droit, pour avoir travaillé pendant dix mois consécutifs à en préparer les voies par la désorganisation générale ; enfin, un comité composé de six personnes, Fabre d'Eglantine, Panis, Tallien, Chabot, Bazire et Danton, est chargé d'en rédiger le mémoire historique.

» Je l'ai tracé avant eux, et des notes incontestables que j'ai données il résulte clairement,

» Que le Roi a maintenu la constitution, toute mauvaise qu'elle était, autant qu'il était en sa puissance;

» Que s'il en désirait la réforme, c'était par des moyens doux et puisés dans la constitution même, et surtout en s'entourant des autorités constituées, administratives et judiciaires;

» Qu'étant lui-même un des pouvoirs constitués, sa défense comme simple citoyen et comme Roi était son droit et son devoir, et que le crime est à ceux qui l'ont abandonné, après lui avoir prêté serment de fidélité;

» Que le régiment des gardes Suisses n'a fait qu'obéir aux trois réquisitions successives de Pétion, de Leroux, officier municipal, et de Rœderer, réquisitions portant l'ordre de défendre le Château, et de repousser la force par la force;

» Qu'ils n'ont fait feu qu'après avoir été provoqués, désarmés, et cinq d'entre eux massacrés; que l'on n'a également tiré des fenêtres du Château, que lorsqu'un coup de pistolet parti des cours, et l'aspect des canons dirigés contre les Tuileries, annonçaient que l'attaque allait commencer et qu'il était instant de prévenir cette populace agitée et séditieuse, dans laquelle on ne reconnaissait aucun des caractères du vrai peuple composant le corps politique;

» Que les Suisses ont été trois quarts-d'heure maîtres du champ de bataille, et qu'ils auraient eu peut-être le dessus, s'ils avaient été secondés par cent hommes de cavalerie seulement, et s'ils n'avaient pas été abandonnés et divisés de mille manières par des circonstances funestes;

» Que la gendarmerie nationale s'est comportée ce jour-là d'une manière qui fera éternellement sa honte, et que la garde nationale prouva ce qu'on savait depuis long-tems, que quelques individus en étaient excellents, mais que la masse en était dépravée, corrompue, timide ou factieuse;

» Que la retraite du Roi à l'assemblée n'a été que la suite du principe qu'il s'était fait de ne jamais désespérer de l'honnêteté publique; et que s'il eût pu prévoir que dans cette journée on l'eût fait survivre à la constitution, il se serait enseveli avec elle, en se mettant à la tête de ses gardes Suisses et nationales, et repoussant les factieux lui-même, comme l'avaient fait les deux années précédentes MM. de Bouillé et de la Fayette, aux applaudissemens des demi-Républicains qui régnaient alors;

» Que ce n'est point le peuple qui a fait l'insurrection du 10 août, mais qu'elle n'a été produite que par une centaine de brigands ligués, qui, après avoir essayé sans succès, par leurs écrits et leurs discours, d'agiter la nation pendant près d'un an, ayant fait déclarer la guerre pour se servir de nos victoires comme de nos revers, pour aigrir ou enflammer nos esprits, appelèrent en désespoir de cause, sous le nom d'armée Marseillaise, un ramas d'hommes perdus, de barbaresques, de Maltois, d'Italiens, de Genois, de Piémontais, qui, au nombre de 250, protégés par Pétion et Santerre, furent maîtres soudain de l'assemblée nationale et de la Capitale, ainsi que Pierre Mandrin fut maître du Dauphiné et des provinces voisines, avec 150 hommes déterminés; ainsi que Cromwel gouverna l'Angleterre pendant quinze ans avec ses frères rouges;

» Qu'il fallut encore près d'un mois pour joindre quinze cents auxiliaires à ce noyau d'armée, et que pour avoir ce nombre il fallut faire venir 30000 fédérés des départemens, jeunesse ignare et stupide, sur laquelle un si petit nombre d'enfants perdus était facile à élire et à corrompre;

» Qu'en bouleversant ensuite les sections sous le prétexte de la guerre, il était aisé d'armer et de séduire cette classe d'ouvriers et d'hommes de peine, que la constitution avait éloignés de la chose publique sous le nom de citoyens passifs, et qu'avec la promesse de quelque argent, on put recruter ainsi dans les faubourgs douze à quinze mille hommes égarés;

» Qu'un pareil mouvement combiné avec des étrangers à la tête, l'attaque d'un Château, d'un Roi, la dispersion d'une Cour, l'espérance du pillage, l'attrait de voir couler l'or et le vin, annonçaient le spectacle d'une orgie, où la curiosité, la furie et le brigandage, appelaient également la foule, mais qui ne peut tromper le raisonnement de l'homme d'état, ni égarer le jugement de la postérité sur le but et le vrai caractère d'une semblable insurrection;

» Que la prétendue corruption reprochée au Roi n'est tout au plus que l'ouvrage de ses agens ; qu'il est très-difficile de prouver qu'il en eut connaissance, et que même, en fût-il convaincu, elle ne servirait qu'à prouver en faveur de la pureté de son cœur. En effet, chargé de gouverner dans un siècle et dans un pays corrompus, où les deux grands, les deux seuls mobiles du gouvernement sont l'amour et la crainte ; si le Roi qui semble être né tout amour et tout bonté, ayant à choisir, avait préféré employer les bienfaits pour donner le mouvement à la machine qu'il régissait, qui oserait lui en faire un crime ? Serait-ce ceux qui, après avoir détruit la monarchie, sont allés tendre une main avide aux Rois de la république ? Sera-ce M. Roland qui dénoncera les pamphlets de Valade et le journal à deux liards, lorsqu'à son début dans la république, il gratifie de 50,000 francs les deux théâtres du Palais Royal et de la rue St.-Martin, pour les indemniser du mépris et de l'absence du vrai peuple, du public ?

» Mais j'anticipe déjà sur la justification que préparent des plumes plus éloquentes que la mienne, si toutefois le Roi descend jusqu'à justifier sa conduite devant ceux-là qui se sont rendus coupables de félonie envers lui, et qui après avoir coopéré à faire la constitution, l'accusent d'avoir voulu la détruire, lorsqu'ils se glorifient d'avoir conspiré contre-elle dès le moment de sa naissance. Cependant peu de jours s'écouleront, et le sort de Louis XVI sera décidé ; le sceau sera mis à notre honte et à nos crimes. La France est le pays de l'univers qui a vu le plus de Rois assassinés, mais il n'avait pas encore fait couler sur l'échafaud le sang de ses maîtres. Ah ! sans doute cette scène exécrable s'apprête. Le combat des deux partis de la convention en sera le signal ou le terme, mais il n'échappera pas, notre malheureux Roi ! Que cette idée coûte de larmes ! Ah ! du moins puisse-t-il ne pas dégrader son caractère auguste ! Il retrouvera dans l'histoire et dans la postérité, le Trône que des scélérats veulent lui ravir avec la vie, et qu'il ne devra plus qu'au courage avec lequel il paraîtra devant ses bourreaux. L'échafaud tue le Roi, mais la dégradation tue la royauté; (espérons qu'ils n'oseront pas le juger;) en vain depuis trois ans indiquions-nous ce terme fatal aux constitutionnels; il a fallu d'aussi terribles malheurs, pour les convaincre que de petits manèges n'étaient pas capables de les éviter, et que ce n'était pas des hommes exaltés, ceux qui leur criaient qu'ils perdaient tout. Les nouveaux succès de la république n'arrêteront pas cette catastrophe. Ces succès ne peuvent être continuels comme ils l'ont été depuis deux mois; quelques revers viendront sans doute les balancer et rallumer les vengeances populaires. Si ces succès continuent, la scission de l'assemblée nationale ne rend pas moins ce dénouement inévitable. Les républicains seront battus à leur tour par les anarchistes, c'est leur sort : Robespierre a déjà commandé impérieusement à ses dénonciateurs l'ordre du jour, et le décret d'accusation de Dumouriez se prépare peut-être dans le souterrain de Marat, à côté du décret qui a condamné Montesquiou. Dans une telle situation, où trouver la force qui peut, qui doit défendre immédiatement le Roi ? L'opinion ? Elle est corrompue. La majorité du peuple ? Elle est dominée par la terreur. Sera-ce la pitié de la convention nationale qu'il faudra implorer ? Mais la convention est sans puissance, et sa pitié est un supplice pire que la mort. Fidèle à la monarchie, fidèle à ses premières lois, à ses anciens maîtres, tout cœur vraiment français cherche une armée quelconque, qui nous présente le fantôme de la puissance et l'apparence d'un chef qui puisse imprimer le respect, et faire jaillir la royauté du fond de sa prison..... Faut-il le dire, les armées étrangères, la noblesse française, ne nous en laissent plus qu'un bien faible espoir...... Mais il est une armée victorieuse, et cette armée est française. La gloire est le foyer où se développe le germe de l'honneur...... Sera-t-il assez fort, sera-t-il assez vertueux pour commander l'ordre, le vainqueur de Mons ?.. Devrons-nous la royauté à un Français ? Ah ! qu'il triomphe alors cet inconcevable Dumouriez.... Qu'il passe le Rubicon.... Qu'il dissipe toutes les factions..... Que les poignards l'épargnent, qu'il soit le connétable de mon Roi, et *tout est pardonné.* »

C'est ainsi que s'exprimait un homme dévoué au Roi, et qui rêvait encore que ce vertueux Monarque échapperait aux menées de ses ennemis. Mais comment pouvait-il s'en flatter ? N'entendait-il pas les rugissemens des scélérats qui brûlaient de consommer leur crime ; ils craignaient même l'incertitude d'un jugement ; ils avaient trouvé l'assassinat un moyen plus sûr. L'assassinat ! ce crime des lâches ! Ils s'étaient flattés que le Monarque et la monarchie seraient ensevelis sous les débris fumans des Tuileries. Ils ne l'en avaient vu sortir qu'avec chagrin; et on ne peut pas douter de leurs complots, quand on voit que, tout le tems que cette auguste et malheureuse Famille resta soit à l'assemblée soit aux feuillans, ils ne cessèrent d'ameuter l'infernale bande des Marseillais, et de faire des motions dans le seul but d'animer le peuple contre le Roi, dont la vie semblait exciter leur rage. La Providence en ordonna autrement. Ce qui parut alors une faveur aux yeux des vrais royalistes, n'était qu'un châtiment infligé par le Ciel à la nation française; et en effet, si ces augustes victimes, au lieu d'être traînées à l'échafaud, eussent péri par les mains des furieux qui assiégeaient le Château, on eût pu du moins en accuser l'ivresse où leurs chefs les avaient plongés; et la nation française n'eût point eu à rougir d'un crime qui n'eût appartenu qu'à une poignée de scélérats; d'ailleurs la noble défense de ceux qui seraient morts en couvrant de leurs corps les personnes sacrées du Monarque et de sa famille, eût sauvé l'honneur des Français, et l'on ne pourrait leur reprocher aujourd'hui leur inaction au moment où le crime fut consommé; mais aussi cette Providence, toujours supérieure à nos faibles lumières, n'avait-elle pas voulu, au milieu de toutes nos pertes, conserver Marie-Thérèse, pour faire éclater ses vertus et dans l'exil et près du Trône? Si Dieu eût laissé dans cet instant les méchans assouvir leur rage, il n'y a pas de doute que les enfans du Roi eussent été massacrés à ses côtés; et, pour qui a connu le cœur de Louis et de Marie-Antoinette, il n'est aucun doute aussi qu'une pareille mort eût été pour eux mille fois plus horrible que celle qu'ils trouvèrent sur l'échafaud, puisqu'en y allant ils se flattaient non seulement que leurs enfans leur survivraient, mais même que leur fils monterait sur le Trône. Si au contraire ils eussent péri dans l'attaque de leur Palais, ils eussent éprouvé les angoisses les plus affreuses, en voyant les objets de leurs affections sous les poignards des assassins. Les douleurs de ces chères victimes eussent rendu les leurs insupportables, et nous eussions perdu la plus haute leçon de résignation et de courage qui ait peut-être jamais été donnée et qui l'a pourtant été par ces Princes dans leur captivité.

CHAPITRE IX.

La Commune avait long-tems cherché un lieu assez sûr pour qu'elle pût y répondre du Roi et de la Famille Royale. Par la première délibération on avait choisi le Luxembourg pour leur prison. Mais on trouva que ce Palais ne pouvait convenir, que les prisonniers seraient exposés aux fureurs du peuple, ou échapperaient à la nation par les efforts de leurs amis. On avait parlé aussi de l'hôtel de la Chancellerie à la place Vendôme. Enfin on se décida pour le Temple comme la seule forteresse qui restât à Paris depuis la démolition de la Bastille, dont les révolutionnaires regrettaient peut-être à ce moment de s'être privés, car il n'y aurait eu aucun lieu plus propre à calmer la crainte qu'ils avaient de se voir enlever leurs victimes. Ils pensèrent enfin que la tour du Temple, en y ajoutant un large fossé, pourrait les tranquilliser.

Ce fut dans cette tour qui n'existe plus, que le Roi, la Reine et son Auguste sœur devaient aller attendre dans les plus affreuses angoisses les suites d'un procès inique. C'est dans cette tour que le ciel devait conserver celle que vingt ans d'absence ne purent effacer du souvenir des français qui l'ont rappelée au milieu d'eux, comme le gage de la paix et du bonheur ; mais combien, à l'époque dont je parle, nous étions encore loin de cette précieuse faveur !

On avait ordonné de tenir trois voitures prêtes pour transporter le Roi, son fils et les compagnes de leur malheur. Manuel et Pétion montèrent avec le Roi dans la première qui était « *escortée par des municipaux à pied.* » Ces deux hommes jouissaient ainsi du double plaisir de la vengeance et de l'orgueil satisfait. Tout le monde sait que jusqu'à ce moment on tenait à grand honneur d'occuper une place dans les voitures du Roi; que c'était même le privilège d'une noblesse ou ancienne ou illustrée, jusque-là que pour exprimer la considération dont quelqu'un était en possession on disait communément : *cet homme monte dans les carosses du Roi.* Certes ni Pétion ni Manuel n'eussent jamais eu cet avantage, s'ils ne se fussent chargés de l'infâme fonction de traîner dans les fers, le plus juste des hommes et le meilleur des Rois. Jamais la même voiture n'eût contenu un Roi de France et de pareilles gens.

Dans la seconde voiture étaient la Reine, Madame Elisabeth, le Dauphin, Madame Royale, Madame la Princesse de Lamballe et Madame de Tourzel. Dans la troisième les femmes-de-chambre des Princesses que nous avons nommées, M. de Chamilly, premier valet de-chambre du Roi, M. Hue, huissier de la chambre de S. M. L'un devait servir le Roi, l'autre M. le Dauphin. M. Clery sollicita inutilement à ce moment la faveur de continuer son service auprès du jeune Prince, dont il était valet-de-chambre, il ne l'obtint que peu de jours après.

Le lugubre cortège fut deux heures à se rendre à sa destination ; il traversa la Place Vendôme ; la foule était si grande que l'on ne pouvait aller qu'au pas. Le maire et le procureur de la commune ne pressaient pas cette marche, car ils savouraient les insultes et les outrages dont leurs Majestés étaient assaillies par cette multitude égarée. Ces hommes qui
osaient

osaient profaner les noms de vertu, de bienfaisance, qui voulaient qu'on les crût généreux, oubliaient le premier principe de toute humanité, le respect dû au malheur. Eh! qui devait en inspirer un plus profond que ces illustres victimes du sort! Trois jours avaient anéanti leur grandeur, leur puissance. Ils avaient perdu sans retour le plus grand bien de l'homme sur la terre, la liberté. C'était au nom de cette liberté qu'on leur donnait des fers. Ils allaient être enfermés dans une habitation étroite, où ils ne retrouveraient rien du luxe qui les avait toujours entourés. Ils y seront privés d'air; le jour n'y parviendra qu'à peine. Ah! eussent-ils été coupables, ce que le Ciel me préserve de penser, ils n'en eussent pas moins eu droit à la compassion; et les hommes qui les accompagnent, ces hommes qui ont tout pouvoir sur le peuple, ne songent pas à lui imposer silence! Que dis-je? Ils l'exciteraient plutôt que de le détourner de ses honteux excès. Il paraît qu'il n'a rien transpiré de ce que le Roi dit à Pétion et à son collègue, pendant le chemin du manège au Temple, car on ne cite nulle part aucune de ses paroles. On est tenté de croire que le plus profond silence régna pendant toute la marche, entre S. M. et les prétendus magistrats du peuple, ou que ceux-ci, ayant trouvé autant de sagesse que de noble résignation dans les discours du Monarque, se gardèrent bien de les publier dans la crainte de réveiller dans le cœur des Français l'amour de leur Roi. Quant à Louis XVI, il s'occupa peu de rendre compte à la Reine de ce qui se passa ; ainsi, nous ne pouvons avoir sur cet objet que des conjectures, mais toutes à l'avantage du Monarque, qui fut dès ce moment un modèle de soumission et de respect aux décrets de la Providence, dont il regarda tous ceux qui l'outrageaient comme les exécuteurs, se préparant par la patience à recueillir une couronne bien préférable à celle qu'ils lui avaient enlevée.

Avant de montrer les enfans de St.-Louis réduits comme lui en esclavage par des barbares, je crois utile de faire connaître à ceux de mes lecteurs qui l'ignoreraient, l'origine du nom que l'on avait donné à la prison qui renferma la Famille Royale, et quelques détails historiques sur ce lieu célèbre, par la détention du dernier grand-maître des Templiers.

Cet ordre dut son origine aux croisades. Ses chevaliers étaient destinés, comme ceux de St.-Lazare et de St.-Jean de Jérusalem, depuis nommés de Malte, à soigner les croisés malades ou blessés, à les racheter et à les conduire dans leur patrie. Les Templiers prirent leur nom d'une maison que Beaudouin II, roi de Jérusalem, avait accordée à l'ordre près des ruines du Temple, que les Romains avaient détruit. (1) Les

———————————
(1) On sait que ce Temple, bâti du tems des Machabées, avait remplacé celui de Salomon.

Princes s'empressèrent d'enrichir les ordres hospitaliers, et il paraît que les Templiers reçurent des dons immenses de la munificence des Souverains et du Pape. Ils en acquirent des domaines en France et dans d'autres pays de l'Europe. Un des plus considérables fut celui dont ils devinrent possesseurs à Paris en 1228; ce terrain, auquel ils donnèrent le nom de *Temple*, s'étendait depuis le bas de la montagne de Belleville jusqu'à la grande Tour, qui n'existe plus, et est remplacée par différens édifices publics, qui conservent encore le nom de Temple. Cette grande étendue, nommée culture du Temple, offrait alors, outre la citadelle, différentes tours dont la muraille qui l'entourait était flanquée, et des maisons de plaisance, (1) occupées par les Chevaliers. Ces maisons se nommaient, j'ignore par quelle raison,

---

(1) Elles ont donné leur nom au lieu où le peuple de Paris va se délasser une fois par semaine de ses travaux journaliers, et qui s'appelle Courtille.

Courtilles. Ils avaient construit la citadelle dont nous avons parlé, non à l'abri du canon, on n'en connaissait pas l'usage dans ces tems-là, mais à l'abri des machines de guerre. Les murs de la grande tour avaient neuf pieds d'épaisseur ; quatre tours plus petites y étaient accolées. Ce bâtiment gothique ne servait depuis long-tems que d'archives à l'ordre de Malte, auquel furent donnés les biens des Templiers. Le grand-prieur avait un fort bel hôtel dans l'enceinte du Temple, qui, par la suite, avait été réduite à ce que nous la voyons maintenant.

Jacques Molay avait déposé ses trésors dans cette citadelle. Il paraît néanmoins que le grand-maître, soit par politique ou pour se soumettre à la volonté du Roi Philippe-le-Bel, laissait au Prince la disposition du Temple, et que le Roi y logeait souvent. Il s'y trouvait lors de l'émeute qui eut lieu contre S. M. à l'occasion de l'altération des monnaies; les chefs furent arrêtés et pendus au nombre de 28. Quelques historiens prétendent que le grand-maître des Templiers avait eu part à cette sédition, que le Roi en fut informé, et que de là vint la haine qu'il jura à lui et à son ordre.

On sait que Jacques Molay et un grand nombre de Chevaliers furent accusés de crimes atroces, qu'ils avouèrent dans les tourmens, et désavouèrent sur le bûcher où leurs ennemis les firent monter. Tous les Chevaliers furent arrêtés le même jour 13 octobre 1307, et l'ordre fut détruit le 20 mars 1312. On s'empara de leurs biens qui étaient immenses. On les donna en grande partie à l'ordre de St.-Jean de Jérusalem, connu depuis sous le nom de Malte.

Les causes du procès des Templiers n'ont point été connues et ne le seront jamais; leur orgueil et leurs richesses furent les principales; mais il n'en est pas moins vrai, que la mort de Jacques

Molay suscita au Roi des ennemis secrets, qui, si l'on veut en croire des gens qui se prétendent bien informés, ne cessèrent de fomenter des révoltes contre ses successeurs.

Les grands-maîtres de l'ordre de Malte, comme nous l'avons dit, bâtirent au milieu de la culture du Temple, un hôtel où ils habitaient, ils jouissaient de très-grands privilèges. La justice du Roi n'avait point d'exercice dans les murs du temple; de sorte que tous les débiteurs insolvables s'y retiraient, sûrs de n'être point arrêtés, tant qu'ils n'en franchiraient pas l'enceinte. Il en eût été de même des malfaiteurs, mais les grands-maîtres les faisaient livrer par leurs officiers de justice à ceux du Roi. Les ouvriers y exerçaient leurs métiers sans maîtrises, de sorte que les maisons qu'on avait bâties dans tout l'enclos, étaient louées chèrement, ce qui faisait un revenu très-considérable au grand-maître. C'était toujours de très-grands

Seigneurs qui étaient nommés pour remplir cette place. Plusieurs personnages célèbres habitèrent aussi cette ville au milieu de la ville, (pour me servir de l'expression de Mathieu Paris.) Le Prince de Guise, qui avait marié sa fille au Maréchal de Richelieu, y avait un très-bel hôtel ; Bussy-Rabutin y logeait dans le même tems que le Duc de Vendôme y était grand-prieur. Ce Prince réunissait au temple tout ce que la France avait d'esprits supérieurs. Chaulieu, l'Anacréon français, y vécut plus de 80 ans. Campistron, Madame de Stael, qui avait été attachée à Madame la Duchesse de Maine, et Rousseau, si célèbre par ses odes, étaient de la société du Duc. On nomma cette intéressante réunion, les petits soupers du Temple.

De nos jours le Prince de Conti, un des plus spirituels des descendans du Grand Condé, fit encore du Temple l'asile des muses et des arts. Il y apprivoisait, par son extrême bonté, le sauvage Rousseau, dont les écrits ont fait plus de mal que de bien, quoique j'imagine qu'il n'en a jamais eu l'intention. Ce fut à lui que le Prince confia l'éducation de l'infortunée Stéphanie de Bourbon, qui, suivant ses mémoires, dut tous ses malheurs à une indiscrétion. Le Roi, à la mort du Prince de Conti, donna à son neveu, M. le Duc d'Angoulême, le grand prieuré du Temple, que, selon toute apparence, il n'eût gardé que quelques années, puisque l'intention de Louis XVI avait toujours été de l'unir avec son auguste Fille.

Telle avait été jusqu'au moment de la révolution, l'enceinte du temple. Sa tour de la même construction que la Bastille, bâtie sous Charles V, avait servi de prison d'état à plusieurs personnages célèbres, entre autres à Enguerrand de Marigny; la destruction de la Bastille força, comme nous l'avons dit, les Révolutionnaires à renfermer dans la tour du Temple, les victimes qu'ils avaient dévouées à la mort.

CHAPITRE X.

On n'avait pas eu le tems de préparer encore un logement commode pour la Famille Royale, dans la grande tour, de sorte qu'à son arrivée au Temple elle occupa la petite tour; celle-ci était adossée à la grande, sans communication intérieure, et formait un quarré long flanqué de deux tourelles; dans l'une de ces tourelles, était un petit escalier qui partait du premier étage, et conduisait à une galerie sur la plate-forme; dans l'autre étaient des cabinets, qui correspondaient à chaque étage de la tour.

Le corps de bâtiment avait quatre étages. Le premier était composé d'une anti-chambre, d'une salle à manger et d'un cabinet pris dans la tourelle, où se trouvait une bibliothèque de douze à quinze cents volumes.

Le second étage était divisé à-peu-près de la même manière. La plus grande pièce servait de chambre à coucher à la Reine et à M. le Dauphin. La seconde, séparée de la première par une petite anti-chambre fort obscure, était occupée par Madame Royale et par Madame Elisabeth. Il fallait traverser cette chambre pour entrer dans le cabinet pris dans la tourelle, et ce cabinet, qui servait de garde-robe à tout ce corps de bâtiment, était commun à la Famille Royale, aux officiers municipaux et aux soldats.

Le Roi demeurait au troisième étage, et couchait dans la grande pièce. A côté était une cuisine séparée de la chambre du Roi par une petite pièce obscure, qu'avaient habitée MM. de Chamilly et Hue, et sur laquelle étaient les scellés; le quatrième étage était fermé. Il y avait au rez-de-chaussée des cuisines, dont on ne fit aucun usage.

Voilà donc le Louvre que l'on destinait au fils de tant de Rois, Roi lui-même d'une nation, dont le luxe à cet instant était porté à un si haut point, qu'un fermier général, ayant acheté, quelques années avant la révolution, une terre qui avait appartenu à un Maréchal de France qui l'habitait avec sa famille, trouva le Château beaucoup trop petit pour lui, et y fit de grandes augmentations ; et Louis XVI n'a qu'une seule chambre ! La Reine, les Princesses, ne sont pas mieux, et nous les verrons bientôt regretter ce logement, où elles jouissaient encore du douloureux plaisir de se communiquer leurs pensées. La Reine était servie par des femmes qui lui étaient dévouées. M. de Chamilly avait brigué l'honneur de faire près de Sa Majesté un service personnel, de même qu'autrefois, par amour pour ses Rois, il avait acheté la charge de premier valet-de-chambre, dont il n'avait aucun besoin, puisqu'il jouissait d'une grande fortune. (1). Lorsque la fatale destinée précipita son Souverain du Trône dans les fers, il ne fut que plus empressé à lui prouver son dévouement.

Je me garderai bien d'oublier un serviteur non moins fidèle, M. Hue, qui n'échappa que par miracle au fer des assassins. Il ne pouvait supporter le spectacle de la captivité de nos Princes : *Un Roi prisonnier!* s'écriait-il avec l'accent du désespoir, *Un Roi prisonnier!*....... Mais hélas ! ce n'était encore là que le prélude des souffrances de la Famille Royale, dont la résignation touchante parut aux monstres qui gouvernaient, une preuve qu'elle ne ressentait pas assez les angoisses de la douleur. Tous les moyens qui peuvent ajouter à l'horreur

------

(1) Quand M. Lorimier de Chamilly acheta la charge de premier valet-de-chambre de Louis XV, le Prince qui le connaissait et savait qu'il était fort riche, dit : « Vouloir être mon premier valet-de-chambre avec » 100,000 liv. de rente, c'est prouver un grand atta- » chement pour ma personne. »

de leur position sont employés. « *Le même homme qui avait forcé la porte du Roi le* 21 *juin, est envoyé comme guichetier,* » afin d'ajouter de nouveaux tourmens à ceux qu'on lui faisait souffrir.

Le sixième jour de la détention de leurs Majestés, on enleva du Temple la Princesse de Lamballe, Madame de Tourzel, sa Fille, M. de Chamilly et les femmes-de-chambre. Ce fut au milieu de la nuit que les Commissaires leur signifièrent cet ordre barbare. Nous aurons plus d'une occasion de remarquer que c'était toujours dans les ténèbres, que les ennemis du Roi exécutaient leurs complots. Je n'entreprendrai point de peindre le moment où Madame de Lamballe fut forcée de se séparer de la Reine. Un triste pressentiment semblait avertir les Princesses du sort qui les attendait ; Madame de Lamballe surtout, qu'une extrême sensibilité physique et morale rendait moins forte contre le malheur, ne pouvait supporter cette nouvelle injustice du sort. Que veulent-ils ? disait-elle. Pourquoi nous ravir le bonheur d'être ensemble ? S'ils veulent nous faire mourir, qu'ont-ils besoin de nous séparer ? Si nous devons vivre dans les fers, pourquoi ne pas nous laisser dans la même prison ? Hélas ! elle ne savait pas, l'infortunée, que sa mort était résolue, et qu'on croyait alors utile de retarder celle de son auguste amie, ou même de la garder comme ôtage, tandis que la sienne devait servir à porter la terreur dans l'ame de tous ceux qui auraient osé se déclarer pour la Famille Royale.

Madame de Tourzel ne put quitter son auguste élève, sans le plus grand déchirement; Ah ! que n'aurait-elle pas souffert, si elle avait pu se représenter cette innocente victime en butte à tout ce que la cruauté la plus rafinée put inventer pour la torturer. Elle n'eût pu s'arracher de cette enceinte, et eût préféré y mourir ; mais le Ciel la réservait pour jouir près de Madame, de la récompense de son dévouement, par les honneurs dont l'a comblée cette Princesse. A cette époque, ayant été mise en liberté, elle s'était retirée dans ses terres. M. de Chamilly, qui avait également réussi à échapper aux bourreaux des 2 et 3 septembre, s'était aussi retiré dans sa terre près de Lyon, où il attendait un instant favorable pour rejoindre nos Princes; mais moins heureux que cette respectable femme, il fut ramené à Paris, et y termina sa vie sur l'échafaud. Le fils qu'il a laissé, et celui de M. Thierry de Ville d'Avray, comme lui attaché à la personne de Louis XVI, trouvent aujourd'hui dans la bonté paternelle de l'auguste frère de cet infortuné Monarque, le noble prix du sang de leur père, et la récompense du dévouement constant qu'eux-mêmes ont toujours montré à la cause des Bourbons.

M. Cléry, ayant su qu'on avait décidé que M. de Chamilly serait remplacé, se hâta de se rendre au conseil de la commune, et de réitérer la demande qu'il avait déjà faite. « Je me présentai chez Pétion, dit M. Cléry. Il me dit que, faisant partie de la maison du Roi, je n'obtiendrais pas l'agrément du conseil général de la commune. Je citai M. Hue qui venait d'être envoyé par ce même conseil pour servir le Roi. Il promit d'appuyer un mémoire que je lui remis, mais je lui fis observer qu'il était nécessaire, avant tout, de faire part au Roi de ma démarche ; deux jours après, il écrivit à Sa Majesté en ces termes :

SIRE,

» Le valet-de-chambre attaché au Prince Royal depuis son enfance, demande à continuer son service auprès de lui ; comme je crois que cette proposition vous sera agréable, j'ai accédé à son vœu, etc.

» Sa Majesté répondit par écrit,

qu'elle m'agréait pour le service de son fils, en conséquence je fus mené au Temple; on me fouilla, on me donna des avis sur la manière dont je devais me conduire, et le même jour, 26 août à huit heures du soir, j'entrai dans la tour.

» Il me serait difficile de décrire l'impression que fit sur moi la vue de cette auguste famille. Ce fut la Reine qui m'adressa la parole, et après des expressions pleines de bonté « Vous » servirez mon fils, ajouta-t-elle, et » vous vous concerterez avec M. Hue » pour ce qui nous regarde. » J'étais tellement oppressé que je ne pus répondre.

» Pendant le souper, la Reine et les Princesses qui, depuis huit jours étaient sans leurs femmes, me demandèrent si je pourrais peigner leurs cheveux; je répondis que je ferais tout ce qui leur serait agréable. Un officier municipal s'approcha de moi, et me dit d'un ton assez haut, d'être plus circonspect dans mes réponses; je fus effrayé de ce début.»

Je chercherais inutilement à mieux prouver l'innocence de ces augustes Victimes, que par le récit de la manière dont la Famille Royale vivait dans ce séjour de douleur. C'est encore au journal de Cléry qu'il faut avoir recours. La vérité, qui en est le caractère, en rend les moindres détails respectables.

Le Roi se levait ordinairement à six heures du matin; il se rasait lui même. Cléry le coiffait et l'habillait, après quoi il passait dans le cabinet qui lui servait de bibliothèque. Cette pièce étant très-petite, l'officier municipal restait dans la chambre à coucher, la porte entre-ouverte, afin d'avoir toujours les yeux sur le Roi. Sa Majesté priait à genoux pendant cinq à six minutes, et lisait ensuite jusqu'à neuf heures. Dans cet intervalle, le valet-de-chambre préparait la table pour le déjeûner, et descendait chez la Reine. Elle n'ouvrait sa porte, continue Cléry, qu'à son arrivée, afin d'empêcher que le municipal n'entrât chez elle. Cléry faisait la toilette du jeune Prince, il arrangeait les cheveux de la Reine, il allait pour le même service dans la chambre de Madame Royale et de Madame Elisabeth.

Ce moment de la toilette était un de ceux où Cléry pouvait instruire la Reine et les Princesses de ce qu'il avait appris. Un signe indiquait qu'il avait quelque chose à leur dire, et l'une d'elles, causant avec l'officier municipal, détournait son attention.

A neuf heures, la Reine, ses enfans et Madame Elisabeth, montaient dans la chambre du Roi pour le déjeûner. Un nommé Tison et sa femme avaient été chargés des gros ouvrages, moins pour soulager M. Cléry, que pour observer tout ce qui aurait pu échapper à la surveillance des municipaux, et pour dénoncer les municipaux eux-mêmes. On les destinait encore au vil métier de faux témoins, car la femme Tison, qui paraissait alors d'un caractère assez doux, et tremblait devant son mari, s'est fait ensuite connaître par une affreuse dénonciation contre la Reine, à la suite de laquelle elle est tombée dans des accès de folie ; Tison, ancien commis aux barrières, était un vieillard d'un caractère dur et méchant, incapable d'aucun mouvement de pitié, étranger à tout sentiment d'humanité. C'est ainsi, qu'à côté de ce qu'il y avait de plus vertueux sur la terre, les conspirateurs avaient placé ce qu'ils avaient trouvé de plus vil.

A dix heures, le Roi descendait avec sa famille dans la chambre de la Reine et y passait la journée. Il s'occupait de l'éducation de son fils, lui faisait réciter quelques passages de Corneille et de Racine, lui donnait des leçons de géographie, et l'exerçait à laver des cartes. L'intelligence prématurée du jeune Prince, répondait parfaitement aux tendres soins du Roi; sa mémoire était si heureuse, que sur une carte couverte d'une feuille de papier, il indiquait les Départemens, les districts, les villes et le cours des rivières. C'était la nouvelle géographie de la France que le Roi lui montrait. La Reine, de son côté, s'occupait de l'instruction de sa Fille, et ces différentes leçons duraient jusqu'à onze heures. Le reste de la matinée se passait à coudre, à tricoter ou à travailler à la tapisserie.

A midi les trois Princesses se rendaient dans la chambre de Madame Elisabeth, pour quitter leurs robes du matin; aucun municipal n'entrait avec elles.

A une heure, lorsque le tems était beau, on faisait descendre la Famille Royale dans le jardin; quatre officiers municipaux et un chef de légion de la garde nationale l'accompagnaient. Comme il y avait quantité d'ouvriers dans le temple, employés aux démolitions des maisons et aux constructions des nouveaux murs, on ne donnait pour promenade qu'une partie de l'allée des marronniers ; il m'était aussi permis, dit M. Cléry, de participer à ces promenades, pendant lesquelles je faisais jouer le jeune Prince, soit au ballon, au palet, à la course, soit à d'autres jeux d'exercice.

A deux heures on remontait dans la tour, où je servais le dîner, et, tous les jours, à la même heure, *Santerre*, brasseur de bierre, Commandant général de la garde nationale de Paris, venait au Temple accompagné de deux aides-de-camp ; il visitait exactement les différentes pièces. Quelquefois le Roi lui adressait la parole, la Reine jamais. Après le repas, la Famille Royale se rendait dans la chambre de la Reine. Leurs Majestés faisaient ordinairement une partie de piquet ou de trictrac ; c'était pendant ce tems que je dînais.

A quatre heures le Roi prenait quelques instans de repos, les Princesses autour de lui, chacune un livre à la main. Le plus grand silence régnait pendant ce sommeil. Quel spectacle ! Un roi poursuivi par la haine et la calomnie, tombé du Trône dans les fers, mais soutenu par sa conscience et dormant paisiblement du sommeil du juste.... ! Son épouse, ses enfans, sa sœur, contemplant avec respect ses traits augustes, dont le malheur semblait encore augmenter la sérénité, et sur lesquels on pouvait lire d'avance le bonheur dont il jouit aujourd'hui !..... Non ! ce spectacle ne s'effacera jamais de mon souvenir.

Au réveil du Roi on reprenait la conversation ; ce Prince me faisait asseoir auprès de lui ; je donnais sous ses yeux des leçons d'écriture à son fils, et d'après ses indications, je copiais des exemples dans les œuvres de Montesquieu et d'autres auteurs célèbres. Après cette leçon, je conduisais le jeune Prince dans la chambre de Madame Elisabeth, où je le faisais encore jouer à la balle ou au volant.

À la fin du jour, la Famille Royale se plaçait autour d'une table ; la Reine lisait à haute voix des livres d'histoire ou quelques autres ouvrages choisis, propres à instruire et à amuser ses enfans, mais dans lesquels des rapprochemens imprévus avec sa situation se présentaient souvent, et donnaient lieu à des idées bien douloureuses.

Madame Elisabeth lisait à son tour, et cette lecture durait jusqu'à huit heures. Cléry servait ensuite le souper du jeune Prince dans la chambre de Madame Elisabeth. La Famille Royale y assistait ; le Roi se plaisait à y donner quelques distractions à ses enfans, en leur faisant deviner des énigmes, tirées d'une collection du Mercure de France, qu'il avait trouvée dans la bibliothèque.

CHAPITRE XI.

CES détails se trouvent confirmés par le rapport que les commissaires faisaient à l'assemblée. J'en vais transcrire ici quelques articles, qui serviront à prouver ce que j'avance.

» La Commune arrête qu'elle répond de la personne du Roi ; que toutes les précautions seront prises pour le garder en ôtage ; il sera fait un fossé autour du Temple. Outre la garde extérieure, la garde intérieure sera composée de cinquante hommes, qui, pendant vingt-quatre heures, ne pourront pas sortir, et seront nourris aux dépens de l'Etat. Chaque légion nommera vingt-cinq hommes, qui s'engageront à faire ce service particulier.

» Louis et sa famille sont dans les petits appartemens adjacens à la grande tour du Temple. Louis passe une grande partie de la journée en famille, ou bien il se promène en lisant. Madame Elisabeth fait de même. Deux sapeurs servent de guichetiers aux portes des appartemens.

» Le Roi, toujours accompagné de

deux officiers municipaux, peut se promener dans le jardin. On lui prépare un appartement au second dans la tour du Temple. Il est composé d'une antichambre, d'une chambre à coucher, et de deux cabinets chacun dans une tourelle; d'une salle pour les commissaires, et d'une autre chambre pour les domestiques avec un cabinet. Les fenêtres sont grillées en fer. Sur les plaques de fonte de la cheminée, on lit : *liberté, égalité, propriété, sûreté.* Au premier et au troisième sont des corps-de-garde. Le rez-de-chaussée de la tour, composé de cinq ou six pièces, sera occupé par le Prince Royal. Les petits appartemens adjacens à la tour sont destinés à Marie Antoinette, à sa Fille, et à Madame Elisabeth.

» Louis XVI s'occupe de littérature dans sa tour; il prend des notes au crayon, il fait expliquer des passages latins à son fils, il choisit toujours ce qui est analogue aux circonstances. Marie

Antoinette fait lire ses enfans, et leur fait réciter des dialogues. Madame Elisabeth enseigne le dessin et le calcul à sa nièce.

» L'après-dinée se passe ordinairement en parties de piquet et en conversations. On cherche à parler aux commissaires. Sur les cinq à six heures, le tems est partagé entre les livres et la promenade.

» Le soir on fait des lectures. On choisit ordinairement les lettres de Cécilia. Après cette lecture, qui souvent renferme des applications auxquelles la famille prend le plus grand intérêt, on se propose des énigmes, on devine celles du Mercure, *on fait des jeux de cartes*, etc. Les mêmes occupations reviennent dans la journée suivante, et ces récréations périodiques reviennent avec les heures de chaque jour.

» Les commissaires de la commune ont remarqué que l'on se parlait toujours par chiffres, et qu'on employait le plus souvent, devant eux, un langage hyérogliphique et mystérieux. »

Ces détails que donne la malveillance la plus prononcée, sur ce qui se passait au Temple, sont l'éloge le plus complet que pouvait demander cette auguste et malheureuse famille. On ne peut douter que si ses ennemis avaient pu trouver le plus léger prétexte à la noircir, ils l'eussent fait. Mais, quand on voit que leur journal est, au style près, parfaitement d'accord avec celui de M. Cléry, on ne peut s'empêcher de dire, que la vertu commande le respect même aux plus pervers des hommes, et qu'il eût été plus facile à ces révolutionnaires d'obscurcir l'éclat du soleil en plein jour, que d'accuser la Famille Royale, je ne dirai pas d'un crime, mais même de la faute la plus légère dans le cours de leur captivité.

En lisant ce journal, on voit qu'ils veulent seulement faire regarder comme apathie de caractère, la patience angélique du Roi ; mais, quand ils ont à parler de la Reine, ils ne peuvent tenir le même langage ; ils n'eussent persuadé personne ; aussi passaient-ils légèrement sur cet article. Mais ils sont cependant forcés de rendre justice à son amour pour ses enfans, et à la dignité de son caractère. Peu de mots sur Madame Elisabeth. Ils n'étaient pas encore parvenus au dégré de scélératesse qu'il a fallu à ses accusateurs, pour oser ternir la vertu la plus pure qui eût encore paru à la Cour. Ils se gardent bien de rien répéter des discours de Madame et de Monseigneur le Dauphin. Ils n'ignoraient pas que l'enfance a des droits à une tendre pitié, et qu'on ne peut voir l'aurore de la vie obscurcie par d'affreuses tempêtes, sans en être vivement touché. Ils craignaient que l'attendrissement, causé par les malheurs de ces illustres enfans, ne rejaillît sur leurs parens ; ils savaient que le peuple s'irrite et s'appaise tout-à-coup, et que si une fois ces hommes égarés laissaient échapper une larme sur le sort des Bourbons, c'en était fait des anarchistes; et n'osant pas sacrifier le Dauphin et sa sœur à leur ambition, ils voulaient les faire oublier; ils y réussirent en effet dans l'esprit de ceux qui n'avaient jamais vu ni Madame, ni M. le Dauphin.

Heureux s'ils avaient pensé de même à l'égard des personnes qui avaient été transférées du Temple à la Force et dans les différentes prisons de la Capitale; mais, avant de tracer le terrible tableau de septembre, je veux faire partager un instant à mon lecteur les légères distractions, dont ces augustes Victimes jouirent pendant tout le tems de leur captivité.

On sait, d'après ce que rapporte Cléry, que le Roi avait trouvé dans la bibliothèque d'anciens numéros du Mercure; que c'était là qu'il prenait des énigmes, dont il s'amusait à faire trouver le mot à ses enfans. On se rappelle peut-être qu'à l'époque de la publication de ces numéros, le mercure ne paraissait pas sans qu'on y trouvât des contes moraux. Ce fut dans cet ouvrage périodique, que parurent d'abord les contes de Marmontel, qui en était alors le rédacteur.

Le Roi ayant posé le livre dont il avait lu quelques mots à ses enfans, Cléry l'ouvrit et jeta les yeux sur la nouvelle qu'il renfermait. Le Roi, se rappelant qu'elle l'avait frappé, reprit le livre des mains de son valet-de-chambre, et, le donnant à la Reine, la pria de lire ce conte, dont la morale paraissait si analogue à la position où se trouvaient leurs Majestés. Je le transcris ici tout entier, espérant qu'il fera quelque plaisir au lecteur.

LE PACHA ET LE DERVICHE. (1)

Dans l'empire Ottoman était autrefois un Pacha, homme d'esprit, de sens, de

---

(1) M. de Florian a donné au public une fable fort ingénieuse sur le même sujet que ce conte, et portant le même titre.

courage, riche au point de ne savoir que faire de sa fortune ; voulant s'en dessaisir d'une partie, d'une manière singulière, il alla trouver un bon Derviche, l'honneur de la religion musulmane, qui n'était presque jamais sorti de sa cellule depuis qu'il avait renoncé au monde, pour suivre les préceptes des prophètes.

Notre solitaire, fort étonné de l'honneur que lui fait le gouverneur, se prosterne à ses pieds, et attend, le front dans la poussière, que ce grand-Seigneur daigne apprendre au plus soumis de ses esclaves, ce qu'il exige de lui. Relève-toi, dit le Pacha, ce que je viens te demander n'a rien de pénible : depuis 40 ans que tu es enfermé dans ce triste réduit, tu n'as pas acquis les connaissances peut-être nécessaires pour la mission dont je vais t'honorer, mais ta bonne foi, ta naïve candeur suppléeront à ce qui te manque d'expérience. Tu verras sans partialité les folies des pauvres humains, et tu seras en état de m'en rendre compte.

J'exige de toi que tu me fasses connaître, par une relation exacte, tous les différens genres de folie que tu rencontreras en faisant le tour du globe, ayant toujours avec toi le coffret que je te confie. Il l'ouvrit, et le Derviche aperçut qu'il était rempli de pièces d'or, de diamans, de rubis et de perles. Le Derviche vit ces richesses sans envie; il avait renoncé depuis long-tems à la fortune, aussi laissa-t-il apposer sans aucun regret sur le coffret le sceau du Pacha, qui, après l'avoir ainsi fermé, le remit au solitaire, en ajoutant : ce coffret et tout ce qu'il contient appartiendront à l'homme le plus fou que tu rencontreras. Prends garde de te tromper, et pense que je m'en rapporte entièrement à toi. Le Gouverneur ajouta des lettres de crédit, pour que le moine musulman pût voyager commodément, voir la société, et s'insinuer aussi dans l'intérieur des familles; car il ne suffisait pas à son avis de s'en tenir aux apparences, et tel qui lui aurait, par son extérieur, annoncé un homme plein de sens, et jugé ainsi par ceux qui le verront passer sur la place publique, pouvait bien n'en être pas moins digne de posséder le coffret, quand le Derviche saurait les détails de sa vie privée.

Voilà donc notre moine quittant le modeste vêtement qui couvre tant de vertus; s'habillant comme un riche Musulman. Il achète des chevaux, des esclaves, et paye généreusement dans les auberges où on le prend tout au moins pour le Pacha lui-même. Pendant la première journée, rien encore n'avait frappé ses regards; il ne rencontra que des hommes qui n'étaient pas plus fous que leurs semblables, et qui par conséquent n'avaient aucun droit au coffret, mais le soir même il crut être à la fin de sa course. L'hôte chez qui il comptait passer la nuit, après avoir servi son souper, lui demanda la faveur de l'entretenir en particulier. Le Derviche la lui accorda. Dès que l'hôte fut seul avec celui qu'il croit un si grand Seigneur, il se prosterne et lui dit : grâce aux révélations du prophète, j'ai connu la faveur insigne que j'ai reçue aujourd'hui. Depuis long-tems je voulais quitter le chétif état d'aubergiste, où, il est vrai, mes pères et moi avons gagné beaucoup d'argent, mais jamais aussi belle occasion ne s'est présentée, puisque je possède chez-moi, en votre personne, le successeur du grand Mahomet notre illustrissime Empereur. J'ai donc vendu tout ce que je possède, je viens d'en signer l'acte. J'ai répudié mes femmes, qui cependant me rendaient fort heureux ; je leur ai donné de quoi vivre honnêtement avec leurs enfans ; j'ai récompensé mes valets ; ces sommes réunies ont à-peu-près absorbé le prix de ma vente, mais que m'importe ? Je suivrai votre hautesse, je mériterai ses bontés, il me nommera Pacha, et j'aurai bientôt d'autres femmes, d'autres enfans, et une fortune bien plus brillante que celle que j'ai sacrifiée au bonheur de ne plus m'éloigner du digne représentant de Mahomet. Le Derviche ne l'avait pas interrompu, et, quand il eut cessé de parler, mon ami, lui dit-il, vous avez fait une grande folie. Je ne suis point l'auguste Empereur, mais un pauvre Derviche qui voyage par ordre du Pacha, pour rencontrer un fou plus fou qu'on n'en ait encore vu, et je crois que vous pourriez bien être mon affaire. Cependant je ne sais, je ne puis me décider à vous adjuger le prix, et j'aime à croire que vous n'êtes pas même assez fou, pour ne pas vous hâter de réparer vos sottises. Tâchez de vous raccommoder avec vos femmes, pour qu'elles vous rendent votre argent et vos enfans. Obtenez que vos valets n'emportent pas ce que vous leur avez donné, et qu'ils vous le rendent pour le faire valoir dans quelque négoce, qui vous fasse vivre vous et toute votre famille. L'hôte qui en effet n'était pas entièrement fou, comprit la sagesse de ces conseils, et quitta promptement le Derviche pour les suivre. Ce dernier se remit en marche avec le coffret; il fut plusieurs mois sans croire qu'il pût consciencieusement le donner, quand, s'étant arrêté dans une forêt pour s'y reposer avec sa suite, pendant la plus grande chaleur du jour, il vit venir à lui un homme, que dis-je, un spectre. Ses yeux caves paraissaient étincelans; une pâleur mortelle couvrait son visage, et la maigreur le faisait plutôt prendre pour une ombre que pour un être vivant. Il était revêtu d'une draperie semblable à celle dont on couvre ceux qui ont cessé d'être. Ses pieds étaient nus; ses cheveux, sa barbe, étaient en désordre; enfin tout annonçait le trouble de ses sens. Cet homme s'arrête à la vue du Derviche, et lui demande d'une voix forte, qui es-tu? Que viens-tu faire dans cette forêt qui m'appartient, et dont les échos ne doivent répéter que les accens de ma douleur ; il y a vingt ans que je l'habite ; je n'ai eu depuis ce tems d'autre abri que des rameaux, d'autre nourriture que les fruits sauvages que portent ces arbres, que les racines des herbes qui croissent à leur ombre. Je n'ai point besoin des hommes, leur espèce m'est odieuse. Retire-toi, ou je ne réponds pas jusqu'où peut aller ma fureur. Je ne veux point, illustre inconnu, reprit le Derviche, qui savait que la plus sure manière de calmer la colère est de jeter quelques grains d'encens; je ne veux point troubler vos échos, je n'éleverai point la voix, et ils ne répéteront pas ce que je veux vous dire ; mais Seigneur, on ne peut vous voir sans prendre un vif intérêt à ce qui vous concerne. Dites-moi quel est le sujet de votre profonde affliction, pour que je la partage, que même je l'apprenne à l'univers, et que, dans toutes les Cours de l'Asie où je dois séjourner, par ordre du Pacha, je fasse connaître la profonde douleur que vous a surement causée la perte d'une épouse adorée, ou d'un fils votre plus chère espérance. Ah ! reprit le spectre, du ton le plus douloureux, plût au Ciel que ce fut-là la cause de mes douleurs. J'étais assez riche pour trouver dans la Géorgie une épouse nouvelle, qui m'eût aisément consolé de la première. Un fils ! je suis encore assez jeune pour que le Ciel m'en donnât d'autres ; d'ailleurs s'ils étaient tombés sous la faux de la mort, mes mains seraient innocentes de leur trépas, je n'aurais point senti la pointe acérée du remords.

Quoi, Seigneur, un meurtre involontaire vous aurait forcé à pleurer, le reste de vos jours, un ami, que, dans un moment de colère ou dans les transports d'une injuste jalousie, vous auriez immolé ?

Hélas ! dit l'infortuné en versant un torrent de larmes, voilà la cause de mon immortelle douleur : oui, j'ai à me reprocher la mort de mon ami, du compagnon de mon enfance, de ma jeunesse; c'est moi qui l'ai précipité dans la tombe ; il est mort dans cette forêt, je n'en suis pas sorti depuis ce jour funeste : je veille auprès de son tombeau, je le couvre chaque jour d'herbes nouvelles, j'y dépose des grains pour sa nourriture, si le Ciel le rendait à mes vœux. Le Derviche, touché d'un si profond repentir, voulut faire passer dans l'ame du meurtrier quelques pensées consolantes, en lui peignant la miséricorde céleste qui excuse un premier mouvement, et dit que les jours de l'homme sont comptés. De l'homme! répond l'affligé avec une fureur concentrée. Eh ! qui vous parle d'un homme, est-ce qu'il vaudrait les larmes que je répands depuis vingt ans ? Quel est l'ami qui ne trahit pas son ami ? Quel est le frère qui ne devient ennemi de son frère pour un vil intérêt ? Quel est le fils qui ne trouve pas que son père jouit trop long-tems de la fortune qu'il attend de lui ?. ... Les hommes ne sont-ils pas tous parjures, faux, ingrats, avares, vindicatifs ? Mais toi, mon ami, tu m'aimais uniquement, tu n'attendais rien de moi qu'une nourriture frugale et quelques soins. N'as-tu pas toujours obéi à ma voix, n'as-tu pas suivi mes volontés au-delà même de tes forces ? Témoin cette affreuse journée, où, après avoir fait vingt lieues, j'exigeai que tu traversasses encore cette forêt. Tu le fis sans murmurer, et ce ne fut qu'au moment où la mort te frappa, que j'appris à quel point j'avais été cruel envers toi. Mais, cher Alanzor, je m'en suis puni. J'avais quitté l'Arabie, où nous fûmes élevés pour suivre l'inconstante Mirzael ; c'était pour la rejoindre plus promptement que j'ai causé ta mort ; mais quand je t'ai vu à ton dernier moment, quand ton œil mourant s'est tourné vers moi pour me reprocher ma cruauté, j'ai juré de ne revoir jamais Mirzael, et de mourir près de ta tombe. Le Derviche commença à se douter, que cet ami, que l'Arabe regrettait si vivement, n'était autre que son cheval, mort d'excès de fatigue; il le trouva bien plus fou que l'aubergiste, et se disposait à lui donner le coffret dont il eût fait peu d'usage; mais, se rappelant qu'il avait vu une femme qui passait pour être très-raisonnable, s'évanouir parce qu'on avait marché sur la patte de son chat, il comprit qu'elle était pour le moins aussi folle que l'Arabe, qui avait perdu la raison du chagrin de la mort de son cheval; il se contenta de plaindre sincèrement cet étranger, et l'accompagna même au tombeau d'Alanzor, lut les vers que son maître avait faits pour lui, et la généalogie de ce fier animal qui avait quelque alliance par sa mère avec Bucéphale; offrit au pauvre fou de l'or, des habits, quelques alimens meilleurs que ceux dont il se nourrissait; il refusa tout et aurait refusé le coffret que le Derviche porta de ville en ville, de royaume en royaume, trouvant, le soir des fous plus fous que ceux qu'il avait vus le matin, quand enfin il crut avoir rencontré celui qui devait devenir le propriétaire du coffret.

LE DEVIN.

Las de l'inutilité de ses recherches, le Derviche se préparait à retourner dans le gouvernement du Pacha, pour lui remettre le dépôt qu'il lui avait confié, quand il vit entrer dans la chambre où il avait passé la nuit, un petit homme, dont la tête faisait au moins la quatrième partie de son corps, court, gros aux dépens de ses jambes et de ses bras, qui étaient un bon tiers moins longs qu'ils ne devaient être suivant les proportions. Son nez court et tant soit peu cassé, son énorme bouche et ses petits yeux noirs, que ses sourcils pareils ombrageaient entièrement, lui donnaient infiniment de ressemblance avec un habitant de la Laponie. Cependant il n'avait jamais quitté les bords de l'Indus, et il était seulement un de ces jeux de la nature qui se plaît dans la variété. Son caractère ne paraissait pas moins bizarre; il y avait dans toute sa personne quelque chose de mystérieux. Il semblait qu'il craignît que l'on ne vît le peu d'étendue de son esprit, s'il le montrait naïvement, comme dit Montaigne. Il l'entortillait de phrases ambigues, comme on voit un habile architecte de jardin, tracer des sentiers tortueux dans un court espace qui en dérobe la petitesse à ceux qui le parcourent. Aussi, au premier abord, le petit homme étonna le Derviche. Il lui dit de si belles choses sur le gouvernement; il lui découvrit des intrigues tellement cachées, lui dénonça des abus si révoltants, que le bon solitaire crut avoir affaire à quelque génie rare et qui était bien loin d'avoir rien à prétendre au coffret, lorsque le petit homme s'excusa sur la très-grande simplicité de sa toilette : il avait été, disait-il, volé, non par des voleurs ordinaires, car rien ne lui arrivait comme à un autre, mais par ordre d'un Ministre qui le craignait, et qui, sachant aussi qu'un homme ruiné ne peut rien entreprendre, avait fait enlever un beau matin tout ce que possédait le petit homme et surtout ses manuscrits, qui contenaient des découvertes politiques bien au-dessus de tout ce qu'avaient pu écrire et penser les plus habiles publicistes, car le petit homme ne croyait pas qu'aucun mortel pût avoir des pensées plus grandes, que dis-je, aussi brillantes que les siennes. Depuis ce tems, ajouta-t-il, je végète et suis obligé pour vivre de faire des livres, qui passeront tout entiers à la postérité, car la police fait si bien qu'on n'en vend jamais qu'une vingtaine d'exemplaires, ce qui suffit à ma gloire, mais non à ma bourse; puis, reprenant plus mystérieusement encore: tout cela m'est bien égal, car, tel que vous me voyez, je suis destiné aux plus grandes choses : le Roi me connaît, et au premier jour vous apprendrez que je suis nommé premier Ministre. Il n'y a aucun doute, car j'ai fait plus de vingt fois mon thême (1), et toujours je me vois à la tête de l'Etat : et qu'entendez-vous, Monsieur, dit le Derviche, par un thême ? Monsieur, reprit le petit Devin, je vais faire le vôtre, et vous jugerez de cette belle science qu'on nomme l'astrologie. Le Derviche, qui commença à voir dans l'homme au thême un sujet digne du coffret, parut enchanté de la proposition; il demanda ce qu'il fallait pour apprendre ainsi l'avenir. — Rien, presque rien; un morceau de papier, de l'encre, une plume, un cornet et deux dés. Le Derviche ordonna que l'on apportât ce que le Devin demandait. Il y fit ajouter une collation qu'il pensa n'être pas

---

(1) Mot dont se servent les astrologues pour exprimer le rapport des astres avec la vie humaine.

de trop pour le futur ministre, qui lui paraissait être encore à jeun, quoiqu'il fût près de neuf heures du soir. Alors mon prophète présente gravement le cornet au Derviche, et le prie de jeter les dés, en considère le nombre avec une grande attention, et les place dans une des douze cases qu'il a tracées sur le papier et qu'il nomme les douze maisons du Soleil. Il répète douze fois la même opération, puis consulte un vieux livre, dont les feuillets sont à demi-usés; il le lit et relit, trace de nouvelles figures, regarde le Derviche : envain, dit-il, vous cachez votre nom et votre rang ; il est écrit ici : vous êtes un prince Tartare qui fuyez la colère de votre père, irrité du mariage que vous avez fait sans son consentement. Mais, ne craignez rien, Seigneur, retournez dans vos états. Le Prince votre père touche à son heure dernière. Il désire resserrer vos nœuds avec la belle Circassienne que vous ai-

mez

mez. Ne perdez pas un instant, et, lorsque vous serez possesseur de la puissance, souvenez-vous de moi. Oui, dit le Derviche, prêt à lui remettre le coffret, je ne vous oublierai jamais; et comme il allait se débarrasser enfin du dépôt qui lui causait tant de peine et de fatigue, le petit homme, qui avait très-bien réparé le tems qu'il avait été sans manger, lui parla sur le commerce, l'agriculture, les moyens de perfectionner l'un et l'autre avec tant de sagacité, que le solitaire se dit : cet homme est fou, quand il veut prédire, il n'y a aucun doute; mais cependant tout ce qu'il vient de me dire est plein de sens ; sa folie n'est pas complète. Il le pria donc d'accepter quelques séquins, pour pouvoir faire la route quand le Derviche le manderait dans ses états. Le petit homme s'inclina jusqu'à terre, et ne douta point que sa fortune ne fût faite. Le disciple de Mahomet continua son voyage.

Tom. 1. G.

Il avait parcouru l'Asie sans rien trouver; les jours, les mois, les années, s'écoulaient. Enfin il résolut de passer en Europe, et de voir Constantinople.

Comme il entrait dans la ville, il vit le peuple se livrant à la joie qu'inspire un jour de fête; il en demanda la cause. C'est, lui dit-on, que l'Empereur a envoyé le cordon au grand Visir qu'un autre remplace; et comme c'est pour le peuple un très-grand plaisir, sa hautesse ne le lui épargne pas, et les Visirs se succèdent aussi rapidement que les diverses saisons de l'année. Comment, se disait le Derviche, accepte-t-on une place si périlleuse? L'habitant de la ville qui lui avait parlé revient à lui et lui demande s'il veut voir le nouveau Visir qui va passer sur la place publique.—Volontiers;—il s'approche; et, quelle est sa surprise de voir son Pacha dans le premier Ministre de l'Empereur Ottoman; il fend la presse, tombe à ses pieds, et lui dit, en lui remettant le coffret : « Seigneur, j'en ai trouvé qui paraissaient mériter ce don, mais je suis obligé de convenir qu'aucun n'en est aussi digne que vous. »

Quand la Reine eut fini de lire, le Roi prit son fils dans ses bras : mon enfant, lui dit-il, as-tu bien compris le sens de cette nouvelle, et conçois-tu pourquoi le Derviche trouve le Pacha plus fou que les fous qu'il a rencontrés ? L'enfant dit que l'Arabe lui avait paru bien plus fou que ce Pacha ; qu'il ne voyait pas quelle folie il y avait à accepter une place honorable. — Tu n'as donc pas entendu, mon fils, que son prédécesseur avait péri par le cordon, et que ce prédécesseur en avait eu beaucoup d'autres qui avaient eu le même sort ; qu'ainsi il y avait bien à présumer qu'il ne serait pas plus heureux. Ah ! cela est vrai, dit le jeune Prince, et je crois qu'en effet il eût été plus raisonnable de refuser un honneur aussi dangereux.

Mais crois-tu, mon fils, qu'il n'y ait de périlleux, parmi les places éminentes qui sont instituées dans les empires du monde, que celle de Visir, et que ce ne soit pas un grand bonheur que de pouvoir se dispenser de les accepter ? Par exemple l'hérédité, ce principe si nécessaire pour maintenir l'ordre et la tranquillité dans une monarchie, n'est-elle pas bien plus avantageuse aux peuples qu'aux Rois eux-mêmes, à qui elle assure la couronne. Quel que soit l'éloignement d'un Prince pour les grandeurs, il est forcé d'accepter l'immense fardeau de la Royauté; car, outre qu'il exposerait sa sûreté personnelle, il ne pourrait, sans manquer à ce qu'il doit à son pays, en confier le gouvernement à un autre. Mais faire comme ce Visir, qui sacrifie sa liberté, son repos, sa vie, lorsqu'il eût pu s'en dispenser, c'est le dernier degré de la folie, et cependant, hélas ! on était loin depuis plusieurs siècles d'imaginer que le titre de Roi deviendrait en France un titre de proscription ; et mes ancêtres ainsi que moi recevaient la couronne, sans croire qu'elle pût être pour eux une source de calamités ! Toutefois supposons un instant que le Français, las des maux que la république lui causera, voulût, sans revenir à ses maîtres légitimes, reprendre le gouvernement monarchique ; que penserais-tu d'un homme qui viendrait s'asseoir sur le Trône dont mes sujets se sont crus en droit de me faire descendre ? — Oh ! papa, je le regarderais comme le Derviche regardait le Pacha, comme le plus fou des hommes.

CHAPITRE XII.

Cléry seul remplaçait autant qu'il lui était possible, cette foule d'hommes empressés autrefois à deviner les moindres volontés de nos Princes. Aussi, avec quel zèle il cherchait à instruire le Roi de ce qu'il lui importait de savoir !

Après le souper de M. le Dauphin il le deshabillait ; c'était la Reine qui lui faisait réciter ses prières. Il en faisait une particulière pour Madame la Princesse de Lamballe ; une autre où il demandait à Dieu de protéger les jours de Madame la Marquise de Tourzel, sa gouvernante.

Lorsque les municipaux étaient trop près, ce jeune Prince avait de lui-même la précaution de dire ces deux dernières prières à voix basse. C'était pendant ce tems que M. Cléry rendait compte aux princesses de ce qu'il avait appris. Il saisissait cet instant pour instruire la Reine du contenu des journaux, car on n'en laissait arriver aucun dans la tour : il n'avait pas toujours réussi à s'en informer, mais un crieur envoyé exprès venait tous les soirs à sept heures, s'approchait près du mur du côté de la rotonde dans l'enclos du Temple, et criait à plusieurs reprises le précis de ce qui s'était passé à l'assemblée nationale, à la commune et aux armées. C'était dans le cabinet du Roi que Cléry se plaçait pour l'écouter ; et là, dans le silence, il lui était facile de retenir tout ce qu'il entendait.

A neuf heures le Roi soupait. La Reine et Madame Elisabeth restaient alternativement auprès de Monseigneur le Dauphin pendant ce repas ; je leur portais, dit Cléry, ce qu'elles désiraient du souper ; c'était encore un des instans où je pouvais leur parler sans témoins. »

» Après le souper, le Roi remontait un instant dans la chambre de la Reine, lui donnait la main en signe d'adieu, ainsi qu'à sa sœur, et recevait les embrassemens de ses enfans ; il allait dans sa chambre, se retirait dans son cabinet et y lisait jusqu'à minuit. La Reine et les Princesses se renfermaient chez elles ; un des municipaux restait dans une petite pièce qui séparait leurs chambres, et y passait la nuit ; l'autre suivait Sa Majesté. »

» Mon lit était près de celui du Roi ; mais Sa Majesté attendait pour se coucher que le nouveau municipal fût monté, afin de savoir qui il était ; et si elle ne l'avait pas encore vu, elle me chargeait de demander son nom. Les municipaux étaient relevés à onze heures du matin, à cinq heures du soir et à minuit. Ce genre de vie dura tout le tems que le Roi resta dans la petite tour. Ce fut à cette époque que les augustes prisonniers eurent la consolation de lire « *une lettre de Mesdames,*
» *tantes du Roi, apportée par Manuel*
» *au Temple à Madame Elisabeth, la*
» *dernière que la Famille Royale ait*
» *reçue du dehors.* »

Une vie aussi triste eût encore été supportable, si elle n'eût pas été accompagnée de toutes les alarmes qui se succédaient pendant ces tems de calamités. Les nouvelles que Cléry faisait parvenir au Roi portaient le trouble dans l'ame de leurs Majestés, bien plus pour ceux d'entre leurs amis dont ils étaient séparés, que pour elles-mêmes. La Reine n'avait pas un moment de tranquillité depuis qu'on avait emmené Mad. de Lamballe. Elle savait que les scélérats qui gouvernaient avaient trop d'intérêt à la faire périr, pour n'être pas certaine qu'elle ne reverrait plus une amie si tendre et si fidelle. Elle regrettait bien vivement d'avoir consenti à ce qu'elle restât en France, où il n'était pas probable, à cet instant, qu'aucun de ceux qui étaient attachés à sa maison, ou par le sang, ou par leurs charges, fût épargné. Je ne la reverrai plus, s'écriait douloureusement la Reine ! Le Roi se flattait que M. le Duc de Penthièvre trouverait le moyen de soustraire cette Princesse au fer des assassins. Hélas ! ce vertueux Prince ne put même obtenir ses restes mutilés et sanglants. La Famille Royale n'était pas moins inquiète de Mesdames de Tourzel, de Mackau et de Souscy. Plus le Roi et la Reine aimaient leurs enfans, plus ils portaient d'intérêt aux Dames attachées à leur éducation. Madame Élisabeth partageait cet intérêt par amour pour les enfans de son frère, et par reconnaissance pour les soins que Mad. de Mackau et de Souscy la mère lui avaient donnés dans son enfance; mais rien ne transpirait de leur sort.

Cependant une agitation terrible se faisait sentir. Dans la matinée du 2 septembre 1793, la fermentation fut telle, que, le Roi étant descendu dans le jardin comme il avait coutume avec sa famille pour se promener, un des municipaux chargés de l'accompagner dit à son collègue : nous avons eu tort de les faire descendre ; et ils terminèrent plutôt qu'à l'ordinaire cette triste promenade. Un municipal nommé Mathieu, ex-capucin, dit au Roi : « Vous ignorez,
» Monsieur, ce qui se passe; la patrie
» est dans le plus grand danger; l'enne-
» mi est entré en Champagne ; le
» Roi de Prusse marche sur Châlons.

» Vous répondrez de tout le mal qui
» peut en résulter; nous savons que
» nous, nos femmes, nos enfans, nous
» périrons, mais le peuple sera vengé;
» vous mourrez avant nous; cependant
» il est tems encore, et vous pouvez..... »
— « J'ai tout fait pour le peuple, ré-
» pondit le Roi, je n'ai rien à me
» reprocher. »

Ce même Mathieu vint annoncer à M. Huë qu'il était en arrestation. Le Roi voulut savoir de quel crime on pouvait l'accuser, et parut très-inquiet du sort de ce digne serviteur. Il le recommanda avec le plus vif intérêt aux municipaux; ceux-ci l'assuraient qu'il reviendrait, mais ce fut inutilement que le Roi l'espérait. M. Huë n'eut plus le bonheur de revoir son auguste maître; au moins il lui était réservé une récompense bien digne de son dévouement. Il est rentré en France avec Louis XVIII, à qui il a donné, ainsi qu'à Madame Royale, des preuves multipliées de son attachement; mais suivons la route pénible que nous avons à parcourir.

Le secrétaire de Péthion vint à la tour, pour remettre au Roi une somme de 2,000 liv. en assignats. Il exigea du Roi une quittance. Sa Majesté lui recommanda de rendre à M. Huë une somme de cinq cent vingt-six francs qu'il avait avancée pour son service; il le lui promit. Cette somme de deux mille livres est la seule qui ait été payée, quoique l'assemblée législative eût destiné cinq cent mille livres aux dépenses de Sa Majesté dans la tour du Temple, avant qu'elle eût prévu sans doute les véritables projets de ses chefs, ou qu'elle eût osé s'y associer.

Cependant les mouvemens allaient croissant. Le bruit des tambours retentissait dans la tour. Le Roi était inquiet pour sa famille, quand...... O comble de l'horreur! quelle scène déchirante! mais avant de la peindre, il faut que j'apprenne aux lecteurs comment la malheureuse Princesse de Lamballe avait reçu la mort, pour prix de sa fidélité à la Reine.

CHAPITRE XIII.

Les monstres qui égaraient le peuple, lui avaient persuadé que les aristocrates, c'est ainsi qu'ils appelaient tous ceux qui défendaient la bonne cause, que les aristocrates, dis-je, enfermés dans diverses prisons, conspiraient contre l'Etat, et qu'il fallait les juger, les condamner et les faire mourir; qu'il n'y avait que ce moyen d'assurer la tranquillité de la patrie. Ces argumens, joints à beaucoup d'eau-de-vie, et à la promesse d'un salaire que la commune promit aux plus hardis de la bande, (1) détermina ces scélérats à se porter aux prisons, et

---

(1) Chaque bourreau des 2 et 3 septembre reçut 48 livres de Manuel, procureur de la commune.

à faire comparaître devant un tribunal digne de ceux qui en choisirent les membres, tous les individus qui, depuis le 10 août, avaient été entassés à la Force et à l'Abbaye. Une chaise, une table sur laquelle était un grand nombre de verres et de bouteilles : voilà en quoi consistait tout l'appareil de cette affreuse cour, ou plutôt de cette horde d'assassins. On amenait successivement les infortunés détenus. Là, des hommes de la lie du peuple les accusaient de complots, dont il fallait qu'ils se justifiassent : on les interrogeait, puis on demandait l'avis de la tourbe, et presque tous les prisonniers condamnés sans avoir pu se défendre, étaient massacrés à l'instant. Cependant il y eut quelques victimes d'épargnées : M. de Sombreuil, M. de Chamilly, et la vertueuse Baronne de Mackau. Cette dernière avait été, comme nous l'avons dit, conduite à la Force ; elle entendait depuis long-tems les cris affreux des cannibales, qui cependant ne parvenaient pas à étouffer ceux de leurs victimes. Madame de Mackau, douée du caractère le plus courageux, ne doutait pas que bientôt on viendrait la prendre pour la conduire au tribunal sanguinaire, où elle avait vu traîner ses compagnons d'infortune. Elle offre à Dieu le sacrifice d'une vie qui, même au milieu des séductions de la Cour, lui avait toujours été consacrée ; elle pense à ses enfans, les plaint de lui survivre, et cependant loue le Ciel de les avoir éloignés de l'affreux danger où elle se trouve, tourne ses yeux vers la tour du Temple, et frémit à l'idée que les scélérats qui vont décider de son sort, se porteront peut-être vers ce triste asile, et immoleront les augustes Victimes. Comme elle était occupée de ces douloureuses pensées, deux hommes de la plus atroce figure entrent brusquement dans sa chambre, et lui disent, suivez-nous. Madame de Mackau se lève avec le plus grand calme, traverse des cours jonchées de cadavres, et arrive enfin à l'endroit de la séance. Le Président, qui était un garçon boucher, les bras nus, sans cravatte et couvert de sang, interrogeait Madame la Marquise, aujourd'hui Duchesse de Tourzel, gouvernante de Monseigneur le Dauphin, et lui demandait ce qu'elle faisait au château le 10 août. Interdite comme tant d'autres par une question qui pouvait compromettre son existence, Madame de Tourzel ne savait que répondre, quand Madame de Mackau satisfit de suite à cette terrible interpellation, et rendit à Madame de Tourzel tout son courage par cette réponse remarquable, pour ceux qui voudront ou qui pourront se rappeler ces tems déplorables. Madame de Mackau, qui avait alors plus de 70 ans, prenant la parole avec tranquillité, dit à ces scélérats : « Madame de » Tourzel était le 10 août chez le Prince » Royal (1), comme moi chez Madame,

(1) Il faut savoir que les lois d'alors avaient ordonné que Monseigneur le Dauphin portât le titre de Prince

» Fille du Roi. » — Eh bien, vous devez savoir ce qui en est du comité Autrichien ? (1) Non, j'en ignore entièrement l'existence, et je suis convaincue intimement que ce comité n'a jamais eu lieu. D'ailleurs, renfermée dans les fonctions de ma place, je quittais peu les enfans de France, et je ne savais pas ce qui se passait chez la Reine. — Vous avez des enfans ?—Oui.—Sont-ils émigrés ? Madame de Makau était incapable de mentir, même au prix de sa vie ; mais elle eût été coupable de la livrer par un aveu inutile. Madame la Marquise de Bombelles, sa fille, (2) était effective-

---

Royal ; ainsi Madame de Mackau dans ce terrible moment, n'oubliait rien, et prévenait même dans ses expressions tout prétexte à la malveillance.

(1) On appelait ainsi une prétendue réunion d'agens des puissances étrangères avec la Reine. Ce comité a été l'objet constant des recherches des ennemis de Sa Majesté, sans qu'on ait jamais pu le prouver, mais on se servait de ce fantôme pour aigrir le peuple.

(2) Monsieur le Marquis de Bombelles avait été Ambassadeur du Roi à Vénise, et il avait mérité la confiance de Sa Majesté dans plusieurs ambassades.

ment émigrée ; Madame de Mackau se tut sur ce point, et repartit : mon gendre commande à Cherbourg, (1) mon fils est Ministre de France à Naples, et

Lorsqu'on exigea un serment qui lui parut blesser l'autorité royale, il quitta son poste, mais il n'abandonna pas les intérêts du Roi auquel il fut constamment dévoué. Frappé dans ses plus chères affections par la mort de sa femme, Mademoiselle de Mackau, qui réunissait à la vertu la plus pure, toutes les grâces et les talens qui font le charme de la société, il renonça au monde pour se consacrer à Dieu dans l'état ecclésiastique, dont il a toutes les vertus, sans avoir négligé les devoirs de père tendre et vigilant. Ses enfans ont répondu à ses soins, ses fils marchent sur ses traces, dans la double carrière diplomatique et militaire. Une fille charmante fera le bonheur de l'époux à qui elle sera unie. Le retour du Marquis de Bombelles dans sa patrie, s'est signalé par son zèle pour la religion, son amour pour son légitime Souverain, que Sa Majesté a récompensés en le nommant premier aumônier de Son Altesse Royale Madame la Duchesse de Berry, et par son active obligeance pour d'anciens amis, dont il s'empresse d'adoucir l'infortune.

(1) Monsieur de Fite, Marquis de Souscy, mari de la fille aînée de Madame de Mackau, sous-gouvernante des enfans de France. Une mort douloureuse le ravit à la tendresse de sa femme et de ses enfans. Tous ceux qui ont eu le bonheur de le connaître, conservent a rendu d'importans services aux Français. — Avez-vous correspondu avec l'étranger ? Non. — Vous n'avez donc pas conspiré contre la nation ? — Non, je désire son bonheur. Tant de présence d'esprit sauva dans ce moment cette digne mère, et c'est encore pour ses enfans un souvenir de bonheur, puisqu'elle a contribué à conserver pendant des années, hélas ! trop courtes, une vie si précieuse.

A cet instant on vit arriver une députation de Vitry ; Madame de Mackau était très-aimée dans ce pays où elle s'était souvent trouvée réunie à Madame de Souscy, sa belle-sœur, qui s'y était retirée dans sa maison de campagne. Cette députation, à la tête de laquelle était le Maire de Vitry, venait réclamer Madame de Mackau et répondre d'elle. Ils parvinrent jusqu'au Président du

---

de ses vertus militaires et sociales un souvenir ineffaçable, et ses enfans ont pu seuls, par les qualités dont le Ciel les a doués, faire supporter l'existence à sa veuve.

tribunal de sang, qui, voyant l'intérêt que cette vertueuse Dame inspirait aux habitans de Vitry, consulta ainsi l'assemblée : « Que ceux qui croient Madame » de Mackau coupable lèvent la main. » Dieu qui conduit comme il veut le cœur des hommes, enchaîna ces monstres : aucune main ne se leva. Le juge, si l'on peut profaner ce titre respectable en le donnant à ce scélérat, voulut une nouvelle épreuve, et dit : « Que ceux » qui croient Madame de Mackau inno- » cente lèvent la main. » Toutes s'élèvent au-dessus des têtes, et des cris de joie se font entendre. Que celui qui soutient que l'injustice est dans la nature de l'homme, jette un moment les yeux sur cette affreuse journée; il verra qu'au milieu des plus grands forfaits, lorsque les assassins laissaient échapper une victime, le peuple en paraissait enchanté, comme s'il se fût dit à lui-même : c'est un crime de moins que nous aurons à nous reprocher : mais revenons à Madame de Mackau.

En ce jour d'horreur elle trouva le prix de ses vertus, non seulement dans l'attachement que les habitans de Vitry étaient venus lui prouver, en lui sauvant la vie, mais encore dans les témoignages d'amitié que lui prodigua M. de Chazet, beau-père de son fils, et père de l'aimable et jeune Baronne de Mackau, que les vertus et les grâces firent généralement regretter, lorsque la mort la ravit à un époux dont elle était adorée (1). Ce bon M. de Chazet ne put savoir la belle-mère de sa fille dans le plus affreux danger, sans braver celui qu'il courait en cherchant à la sauver. Il se rendit à la porte de la prison ; et là, surmontant l'horreur que devaient lui inspirer ces scènes de sang,

────────────────────────────

(1) Sa Fille, Madame la Comtesse de St.-Ildephonse, est le portrait physique et moral de sa mère ; c'est faire son plus bel éloge. Son fils, dès sa plus grande jeunesse, se distingua dans la marine où il eut de brillans succès. Ils font l'un et l'autre la consolation et la félicité de leur vertueux père.

il resta mêlé constamment parmi ce peuple d'assassins, jusqu'à ce qu'il eût entendu proclamer le salut de son amie. Il la reçut des mains de ces cannibales, et la fit monter dans une voiture de place, que les habitans de Vitry, et plusieurs des septembriseurs accompagnèrent à pied dans la rue des petits Champs, où demeurait M. de Chazet. La joie du peuple avait, à cette époque, quelque chose de féroce. Il était difficile de distinguer, au premier abord, si c'était la bienveillance ou la fureur qui l'animait : aussi, quand Mad. de Chazet vit entrer dans la cour de sa maison, cette multitude dont les accens ressemblaient à des hurlemens, quand elle vit plusieurs des bourreaux couverts de sang près de la portière de la voiture, elle fut persuadée que c'était le cadavre de son amie qu'ils lui ramenaient, et elle s'évanouit aussitôt, tandis que Madame de Mackau descendit tranquillement de sa voiture, fit entrer ses libérateurs, leur fit donner du vin, leur parla avec autant de dignité que de calme, et surprit tous ceux qui la virent à cet instant par son étonnante fermeté. Les hommes du peuple de Paris qui l'avaient accompagnée, se retirèrent, mais les habitans de Vitry ne la quittèrent pas.

Lorsque Madame de Chazet eut repris ses sens, la Baronne de Mackau la rassura sur son compte, et remonta en voiture avec M. de Chazet, qui la ramena comme en triomphe, environnée des habitans de Vitry, chez Madame la Comtesse de Souscy, où sa fille, Mad. la Marquise de Souscy et ses petits-enfans étaient livrés aux plus affreuses alarmes. Le retour de cette mère adorée et digne de l'être, suspendit les douleurs qu'éprouvait cette famille si attachée à nos Princes. Nous verrons Mad. de Mackau et sa fille, Madame de Souscy, donner dans d'autres occasions à MADAME, des témoignages de leurs respects et de leur amour.

J'ai rapporté, avec les moindres détails, ce qui se passa à l'égard de Mad. de Mackau. L'attachement que je lui avais voué, et celui que je conserve à ses enfans, me servira d'excuse, si on en a besoin quand on rend hommage à la vertu la plus pure, qui fut si longtems en proie aux plus grands malheurs.

La plus auguste, la plus intéressante de toutes les victimes, que ces jours affreux virent périr, la plus digne de nos regrets, est l'infortunée Princesse de Lamballe. Comme je l'ai dit plus haut, on l'avait séparée de la Famille Royale et conduite à la Force. M. le Duc de Penthièvre, qui l'aimait comme un père, employa tout au monde pour la sauver, lorsqu'il eut appris que le peuple se portait aux prisons pour y faire un massacre. On assure même que Manuel, à qui il avait fait promettre 300,000 fr. s'il remettait la Princesse en liberté, répondit de sa vie, et qu'en effet ce Magistrat du peuple avait l'intention de la sauver.

sauver, mais qu'il ne put y réussir. Effectivement, le second jour des massacres, au moment où l'on commençait à espérer qu'elle ne serait pas du nombre des victimes, les meurtriers montent dans sa chambre, l'arrachent des bras d'une de ses femmes qui était restée près d'elle; et, malgré l'état douloureux où elle se trouvait, car elle était sujette à des maux de nerfs, que sa situation depuis quelque tems rendait plus cruels, ils la traînent à leur affreux tribunal. Deux de ses valets de pieds, déguisés en septembriseurs, s'apprêtaient à l'enlever, comme pour la conduire au supplice; mais ils ne purent y réussir, ni la soustraire à la fureur du peuple, de ce peuple qui n'avait reçu d'elle que des bienfaits, et qui aurait dû être touché de sa beauté, de ses grâces, qui semblaient avoir prolongé pour cette Princesse les années du printems de la vie; mais rien ne pouvait attendrir ces monstres; et, au moment où ses serviteurs fidèles allaient s'en saisir, un scélérat, dont le nom ne souillera pas ces pages, la frappa mortellement.

Je ne rapporterai pas les atrocités qui furent exercées envers cette infortunée Princesse. Déjà mon cœur en a frémi en les consignant dans les mémoires que j'ai donnés il y a près de vingt ans. Je ne parlerai que de ce qui se passa à la tour du Temple après ce crime, et qui en fut en quelque sorte le comble. J'emploierai pour peindre l'état où se trouva la Famille Royale à cet instant, les paroles de celui sous les yeux duquel se passa cette scène d'horreur, comme le témoignage le plus certain des faits que la postérité aura tant de peine à croire.

« Le 3 septembre, le Roi ayant remarqué une grande agitation parmi ses gardiens, demanda à Cléry s'il avait eu des nouvelles de M. Huë, et s'il savait quelque chose des mouvemens de Paris. Il répondit à Sa Majesté qu'il allait s'en informer. *Prenez garde de vous com-*

promettre, reprit le Roi, *car alors nous serions seuls, et je crains que leur intention ne soit de mettre près de nous des étrangers.*

« A une heure le Roi et sa Famille témoignèrent le désir de se promener; on s'y refusa. Pendant le dîner on entendit le bruit des tambours, et bientôt les cris de la populace. La Famille Royale sortit de table avec inquiétude, et se réunit dans la chambre de la Reine. M. Cléry descendit pour dîner avec Tison et sa femme.

« Nous étions à peine assis, dit-il, qu'une tête au bout d'une pique fut présentée à la croisée. La femme Tison jeta un grand cri ; les assassins crurent avoir reconnu la voix de la Reine, et nous entendîmes le rire effréné de ces barbares, dans l'idée que Sa Majesté était encore à table. Ils avaient placé la victime de manière qu'elle ne put échapper à ses regards : c'était la tête de *Madame la Princesse de Lamballe.*

Quoique sanglante, elle n'était point défigurée ; ses cheveux blonds, encore bouclés, flottaient autour de la pique.

« Je courus aussitôt vers le Roi. La terreur avait tellement altéré mon visage, que la Reine s'en aperçut ; il était important de lui en cacher la cause. Je voulais seulement avertir le Roi ou Mad. Elisabeth, mais les deux municipaux étaient présents. « Pourquoi n'allez-vous » pas dîner ? me dit la Reine. » Madame, lui répondis-je, je suis indisposé. Dans ce moment un municipal entra dans la tour, et vint parler avec mystère à ses collègues. Le Roi leur demanda si sa famille était en sûreté. « On fait courir » le bruit, répondirent-ils, que vous et » votre famille n'êtes plus dans la tour ; » on demande que vous paraissiez à la » croisée, mais nous ne le souffrirons » pas ; le peuple doit montrer plus de » confiance à ses Magistrats. » Ce n'était qu'une ruse atroce, pour que la Reine s'avançât à la fenêtre. Un spectacle affreux l'y attendait......

« Cependant les cris du dehors augmentaient. On entendit très-distinctement des injures adressées à la Reine. Un autre municipal survint, suivi de quatre hommes députés par la populace, pour s'assurer si la Famille Royale était dans la tour. L'un d'eux, en habit de garde nationale, portant deux épaulettes, et, armé d'un grand sabre, insista pour que les prisonniers se montrassent à la fenêtre. Les municipaux s'y opposèrent : cet homme dit à la Reine, du ton le plus grossier : « On veut vous cacher la tête » de *la Lamballe* que l'on vous apportait, pour vous faire voir comment le » peuple se venge de ses tyrans ; je » vous conseille de paraître, si vous ne » voulez pas que le peuple monte ici. » A cette menace la Reine tomba évanouie; je volai à son secours ; Madame Elisabeth m'aida à la placer sur un fauteuil ; ses enfans fondaient en larmes, et cherchaient par leurs caresses à la ranimer. Cet homme ne s'éloignant point, le

Roi lui dit avec fermeté : « *Nous nous attendons à tout, Monsieur ; mais vous auriez pu vous dispenser d'apprendre à la Reine ce malheur affreux.* » Il sortit alors avec ses camarades ; leur but était rempli.

» La Reine, revenue à elle, mêla ses larmes à celles de ses enfans, et passa avec la Famille Royale dans la chambre de Madame Elisabeth, d'où l'on entendait moins les clameurs du peuple. Je restai un instant dans la chambre de la Reine, et, regardant par la fenêtre à travers les stores, je vis une seconde fois la tête de Madame la Princesse de *Lamballe* ; celui qui la portait était monté sur les décombres des maisons qu'on abattait pour isoler la tour. Un autre, à côté de lui, tenait au bout d'un sabre le cœur tout sanglant de cette infortunée Princesse. Ils voulurent forcer la porte de la tour ; un municipal nommé *Daujon* les harangua, et j'entendis très-distinctement qu'il leur disait : « La

» tête d'Antoinette ne vous appartient
» pas, les départemens y ont des droits;
» la France a confié la garde de ces
» grands coupables à la ville de Paris :
» c'est à vous de nous aider à les garder,
» jusqu'à ce que la justice nationale
» venge le peuple. » Ce ne fut qu'après
une heure de résistance qu'il parvint à
les faire éloigner.

Le soir de la même journée, un des commissaires dit que la tourbe avait tenté de pénétrer avec la députation, et de porter dans la tour le corps nu et sanglant de Madame la Princesse de *Lamballe,* qui avait été traîné depuis la prison de la Force jusqu'au Temple; que des municipaux, après avoir lutté contre cette populace, lui avaient opposé pour barrière un ruban tricolore attaché en travers de la principale porte d'entrée; qu'ils avaient inutilement réclamé du secours de la commune de Paris, du général *Santerre* et de l'assemblée nationale, pour arrêter des projets qu'on ne dissimulait pas ; et que, pendant six heures, il avait été incertain si la Famille Royale ne serait pas massacrée.

En effet, la faction n'était pas encore toute puissante : les chefs, quoique d'accord sur le régicide, ne l'étaient pas sur le moyen de l'exécuter, et l'assemblée désirait peut-être que d'autres mains que les siennes fussent l'instrument des conspirateurs ; une circonstance assez remarquable, c'est qu'après avoir vanté son zèle, le municipal fit payer à M. Cléry 45 sols, qu'avait coûté le ruban aux trois couleurs ; ainsi le ridicule le plus absurde accompagna toujours les atrocités révolutionnaires. Leurs auteurs faisaient de grands crimes, non qu'ils fussent de grands scélérats. Ils n'avaient pas ce qu'on appelle cette énergie qui les constitue, et leurs forfaits n'ont d'éclat que par la grandeur des victimes. Ils prétendirent néanmoins se justifier ; et, lorsque les excès du peuple furent à leur comble, lorsqu'enfin on cessa les égorgemens, et que les augustes prisonniers n'eurent plus à redouter d'être livrés aux fureurs populaires, l'assemblée commença à réfléchir qu'il était prudent de ne pas conserver des pouvoirs dont ils avaient tant abusé. Pour se mettre à l'abri des reproches de leurs commettants, ils voulurent, avant de se séparer ou de retourner dans leurs foyers, se faire précéder par un manifeste, et ils chargèrent le Roi de toutes les fautes qui s'étaient commises : Voici comment ils terminent cet écrit :

» Français, réunissons toutes nos forces contre la tyrannie étrangère, qui ose menacer de sa vengeance vingt-six millions d'hommes libres. Dans six semaines un pouvoir que tout citoyen reconnaît, prononcera sur nos divisions. Malheur à celui qui, écoutant pendant ce court espace des sentimens personnels, ne se dévouerait pas tout entier à la défense commune ; qui ne verrait pas qu'au moment où la volonté souveraine du peuple va se faire entendre, nous n'avons plus pour ennemis que les conspirateurs de Pilnitz et leurs complices.

» C'est au milieu d'une guerre étrangère, c'est au moment où des armées nombreuses se préparent à une invasion formidable, que nous appelons les citoyens à discuter dans une paisible assemblée, les droits de la liberté. Ce qui eût été téméraire chez un autre peuple, ne nous a point paru au-dessus du courage et du patriotisme des Français; et sans doute nous n'aurons pas la douleur de nous être trompés, en vous jugeant dignes d'oublier tout autre intérêt pour celui de la liberté, de sacrifier tout autre sentiment à celui de l'amour pour la patrie.

» Citoyens, c'est à vous à juger si vos représentants ont exercé pour votre bonheur, les pouvoirs que vous leur avez confiés; s'ils ont rempli votre vœu, en faisant de ces pouvoirs un usage qu'eux ni vous n'aviez pu prévoir. Pour nous, nous avons rempli notre devoir, en saisissant avec courage le seul moyen de conserver la liberté, qui se soit offert à notre pensée. Prêts à mourir pour elle au poste où vous nous avez placés, nous emporterons du moins en le quittant la consolation de l'avoir bien servie.

» Quelque jugement que nos contemporains ou la postérité puissent porter de nous, nous n'aurons pas à craindre celui de notre conscience; à quelque danger que nous soyons exposés, il nous restera le bonheur d'avoir épargné des flots de sang français, qu'une conduite plus faible aurait fait couler; nous échapperons du moins aux remords, et nous n'aurons pas à nous reprocher d'avoir vu un moyen de sauver la patrie, et de n'avoir osé l'embrasser. »

CHAPITRE XIV.

C'est ainsi que s'exprimaient ces hommes qui avaient condamné la France à retrancher des fastes de son histoire, toutes les pages qui pouvaient rappeler le tems où le crime, la tête levée, osait dire : *Nous échapperons aux remords !* Oui, parce que vous avez perdu jusqu'à la faculté de le sentir.

Nous avons épargné des flots de sang Français ! ! !

Barbares ! vous avez épargné le sang Français ! Qu'étaient donc les victimes de la Force, de l'Abbaye ? Quelle était la patrie de ces vénérables Prêtres, de ces Evêques, dont les vertus étaient la plus honorable distinction ? Portez un moment vos regards dans cette pieuse enceinte (1), qu'y voyez-vous ? Contre qui aiguisez-vous ces poignards ? Quels sont les conspirateurs que vous voulez égorger ? Des vieillards qui se soutiennent à peine, des Ministres du Dieu de paix, qui prient pour leurs bourreaux.

---

(1) La maison des Carmes, rue de Vaugirard, maintenant les Carmélites.

Voyez Mr. l'Archevêque d'Arles, l'une des lumières de l'Eglise Gallicane, recevant la mort avec un courage au-dessus de toute expression ; frappé trois fois, il reçut des blessures douloureuses, qui ne lui arrachèrent pas une plainte ; et, resté debout, il attendait, comme une faveur du ciel, le dernier coup qui termina ses dernières souffrances, et assura sa gloire immortelle.

Et vous, dignes Evêques de Beauvais et de Saintes ; vous, qui portiez un nom célèbre dans nos fastes, et que le Duc de la Rochefoucault rendit immortel par ses écrits, vous avez prouvé quelle différence il y a entre les philosophes modernes et ceux dont s'honora le grand siècle. Nourris des maximes de votre illustre parent, vous apprîtes de lui le peu de prix qu'on doit attacher à la vie, toujours si malheureuse sur la terre, où vous ne connûtes d'autres plaisirs que ceux d'une sainte et touchante amitié, qui brûla dans vos cœurs jusqu'au dernier moment.

Un homme attaché au service de M^r. l'Evêque de Beauvais, s'était procuré un habit de garde national, sous lequel le Prélat eût pu échapper.—En avez-vous un pour mon frère?--Non, Monseigneur. —Alors, c'est inutile ; nous nous sommes solemnellement promis de ne pas nous quitter. M. de Beauvais reçut, au premier instant du massacre, un coup de fusil qui lui cassa la jambe ; par un mélange d'atrocité et d'humanité, ses assassins l'apportèrent avec une sorte de respect dans l'église où l'on avait mis des matelas ; et il paraît qu'ils avaient intention de le faire panser. L'Evêque de Saintes, qui ignorait le sort de son frère, entra dans l'église et dit : Qu'est devenu mon frère ? Mon Dieu ! je vous en prie, ne me séparez pas de mon frère. Ses vœux furent exaucés ; ils périrent tous deux dans ces jours funestes. On avait fait rentrer ce qui restait de Prêtres dans l'église. Ils étaient rangés dans le sanctuaire ; on les amenait deux à deux sur le perron qui descendait de l'église dans le jardin ; et c'est là que leurs bourreaux terminaient leur terrible agonie. En prière devant l'autel, ils entendaient retentir les cris de mort. Le Ciel ne permit pas que leur constance fût ébranlée. Aussitôt que leur tour arrivait, ces Prêtres, appelés à la mort, se levaient, les uns avec la sérénité d'une ame assurée de l'instant qui va la mettre dans le sein de l'Eternel, les autres avec les transports de l'innocence, invitée par les Anges aux noces de l'Agneau. Celui-là, dédaignant d'interrompre le cours de ses prières, allait, les yeux fixés sur son bréviaire, et, jusques sous le glaive des assassins, payait à Dieu le tribut de ses louanges. Celui-ci, certain des promesses divines, puisait dans les oracles sacrés toute la force des martyrs. Quelques-uns, au front noble et majestueux, jetaient sur leurs bourreaux un œil de pitié, et couraient affronter leurs piques et leurs haches. Plusieurs de ces illustres

Confesseurs avaient dans les chaires publiques, ou dans de savans écrits, consacré leur génie à défendre la religion contre les sophismes des impies, et les erreurs de la prétendue constitution civile du clergé; ils se levaient en bénissant leur Dieu de sceller de leur sang, cette foi qu'ils avaient soutenue de leurs écrits. D'autres enfin, au moment où on les appelait, jetaient un dernier regard sur l'image de Dieu crucifié, lui disaient ce qu'il avait lui-même fait entendre à son père : *Seigneur, pardonnez-leur, car ils ne savent ce qu'ils font.*

M. l'Evêque de Saintes fut appelé un des derniers. Il semblait que la Providence l'eût réservé à n'entrer dans les cieux qu'un instant avant son frère. L'amitié qui les avait unis était *cette vraie fraternité que nulle dissension n'a violée ; c'était celle des Saints, qui répandent leur sang pour suivre le Seigneur ; qui, méprisant les grandeurs* du siècle, arrivent ensemble au royaume céleste. *C'est ainsi qu'il est bon, qu'il est doux pour des frères d'habiter ensemble.*

Un instant après que Pierre-Louis de la Rochefoucault, Evêque de Saintes, eut subi dans l'église le sort des martyrs, des bandits furieux s'écrièrent : *Où est François-Jos. de la Rochefoucault, Evêque de Beauvais ?* Les factionnaires ne répondirent pas, mais montrèrent aux bourreaux l'Evêque de Beauvais, étendu sur le lit où on l'avait porté. *Je ne refuse pas,* dit-il, *d'aller mourir comme les autres, mais vous voyez que je ne puis marcher ; je vous prie d'avoir la charité de m'aider vous-même à venir où vous m'appelez.* Ces furieux, avec un reste d'humanité, de respect même, le soulevèrent par les bras, l'aidèrent à se traîner jusqu'à la porte du jardin, et il fut presque la dernière victime immolée en ce lieu.

Des scènes pareilles se passaient à St.-

Firmin, et nos prétendus législateurs osaient proclamer qu'ils avaient épargné le sang; et moi je leur dis qu'il n'en a pas coulé une seule goutte depuis trente ans, qu'on ne puisse leur reprocher. Tous nos maux sont venus d'eux. C'est en détruisant nos institutions, c'est en brisant le plus doux de tous les sceptres, en renversant les autels, que nous sommes devenus la terreur des Rois, qui ne nous auraient pas fait la guerre, si nous n'eussions pas eu de révolution. Eh! qui pourra compter le nombre des Français tombés sous la faux de la mort depuis ce moment, et qui tous, au grand jour de l'éternité, viendront demander compte de leur vie aux philantropes amis des constitutions civiles ou autres?

C'est à un de ces hommes doué d'un talent distingué, que s'adresse la lettre de M. de Tilly, que je vais rapporter en entier, parce qu'elle frappe sur les hommes de 1793, secte atroce, qui a juré la perte de la France, et qui semble résiste à toute puissance, non seulement parmi nous, mais encore parmi les peuples étrangers, dont elle a corrompu les principes. Un fait remarquable, c'est que ceux qui ont la révolution le plus en horreur, en adoptent les principes, quand ils flattent leurs intérêts. J'ai connu des Demoiselles de qualité qui, tout en déplorant la perte des titres et des distinctions, trouvaient le partage des biens très-naturel.

Londres, 5 novembre 1792.

Alexandre de Tilly, à M. de C***, Membre de la convention nationale (1).

Sæpè mihi dubiam traxit sententia mentem
Curarent Superi terras, aut nullus inesset Rector....
Luc....

Monsieur,

« Ce n'est qu'en songeant à ce que

---

(1) *Note de l'Éditeur.* Après le tableau que l'on vient de lire, et dans lequel on s'apercevra aisément que les

vous fûtes, que l'on peut vous écrire aujourd'hui ; mais en promenant des regards désespérés sur cette solitude de deuil qui fut autrefois la France, au milieu des ruines, des cadavres, de l'anarchie et du chaos, à la lueur des incendies, on cherche un homme pour l'interroger ; et, parmi ces brigands obscurs, agitateurs d'un peuple d'assassins, il n'en est pas un que la colère daigne interpeller : le mépris la réprime.

---

circonstances ont forcé d'adoucir tous les traits, afin de pouvoir le publier sans risques à Paris, j'ai cru faire une chose agréable à mes lecteurs, en leur présentant la lettre suivante. C'est le premier élan d'un cœur généreux soulevé d'indignation à la lecture du décret que l'assemblée vient de rendre contre les émigrés de tout genre, de tout âge, de tout sexe. Les dangers qu'a courus M. de Tilly après le 10 août ; le royalisme qu'il a toujours professé, les morceaux dont il embellissait la feuille du jour et les actes des apôtres, dans un tems où il était encore permis de penser, de parler et d'écrire librement, sont une apologie suffisante de sa retraite hors de France ; mais aussi, qui plus que lui a droit de regretter sa patrie, ses arts et sa gloire ? Qui plus que lui a droit de se plaindre que l'art de haïr y ait été substitué à celui de plaire et d'aimer ?

Mais vous qui, né je le crois, du moins vous l'avez cru vous-même, dans une classe naguère privilégiée, aujourd'hui si déplorable ; vous, distingué par de grands talents, par des connaissances profondes, par une vaste littérature ; vous, l'un des amans de la renommée, de la postérité, de la philosophie, par quelle fatalité vous trouvé-je à présent l'émule de Ravaillac et de Cartouche, et l'apôtre sanguinaire d'une doctrine qui fait frémir d'horreur l'Europe épouvantée ?

« Eh bien ! c'est vous que je cite à ce tribunal secret, qui fait pâlir les plus grands coupables, à cette conscience qui crie dans l'épaisseur des nuits..... C'est vous, que ma faible voix somme de répondre.

« N'avez-vous jamais revu l'ombre de Frédéric, les spectres de Dalembert et de Voltaire ? L'ombre du Duc de la Rochefoucault, d'un bienfaiteur, déchiré, baigné dans son sang, sous les yeux d'une épouse et d'une mère, ne se présente-t-elle jamais à votre imagination effrayée ? Ceux avec qui vous vécûtes, dispersés, assassinés, bannis, cachés, dépouillés, se dérobant à la hache des Cannibales, ou y succombant; le Trône renversé, la Famille Royale errante, son chef périssant lentement de mille morts, dans une prison avec des femmes et des enfans; l'obligation journalière où vous êtes de communiquer avec la lie de la nation et le rebut des humains; cette voix intérieure qui vous répète, qu'admiré jadis, votre nom va devenir une injure; toutes ces considérations terribles et réunies, ne livrent-elles pas votre cœur en proie à tous les supplices de l'enfer ?

« Que faites-vous de vos remords ? de vos souvenirs ? Comment composez-vous avec l'avenir ? Avec vos espérances ? Pouvez-vous dormir ?

« Pourriez-vous me dire ce que veut ce peuple, ce que vous voulez vous-même ? Pourriez-vous laisser entrevoir quel est le mode et le but du gouvernement que vous voulez introduire dans un pays qui, par sa localité, par le génie de ses habitans, ne peut être que ce qu'il était, avec des modifications que les esprits bien faits avaient désirées et obtenues, et que les brouillons et les scélérats ont dédaignées, calomniées, et fait évanouir ? Sauriez-vous dire ce que vous voulez substituer à ce que vous avez détruit, quelles abstractions sauvages et incultes, vous voulez mettre à la place des beaux arts, de l'élégance, de la politesse, de tout ce qui donne du charme à la vie, d'une liberté décente et du bonheur ? Pourriez-vous prouver les avantages que retirera ce peuple profondément corrompu, de ses meurtres, de ses dévastations et de ses forfaits de tous les genres, qui l'ont signalé à l'exécration de l'Europe.

« Hélas ! Monsieur, vous le savez aussi bien que moi, ce n'est ni de la licence, ni des piques, ni du sang, qu'il faut au peuple; il n'a besoin que de joie, de pain et de repos..... Et la nation française, eût-elle recueilli autant de gloire qu'elle a ramassé d'infamie, aurait encore été trompée sur ses véritables intérêts : car les nations sont comme les individus; le bonheur leur vaut mieux que la gloire.

« Pourriez - vous me démontrer comment vous sortirez du gouffre immonde où vous vous débattez...... Toutes ces questions sont insolubles pour vous...... Eh bien! moi je vais les résoudre ; et si cette catastrophe épouvantable, qui est à la veille d'annihiler le plus bel empire de l'univers, n'est pas un avant-coureur de la fin du monde; si vous n'êtes pas l'un des instrumens visibles de l'Ange exterminateur, qui, châtiant les peuples, a commencé par le plus corrompu de tous; si tant de calamités accumulées sur la France, et prêtes à peser sur le globe entier, ne sont pas des symptômes de destruction de ce

vieil

vieil univers ; je vais, déchirant le voile de l'avenir, vous prophétiser votre destinée..... Vous tremblerez peut-être : elle est affreuse comme votre vie. Que si, échappant à une punition particulière dans un châtiment universel, vous et vos pareils n'êtes qu'un fléau de la colère céleste qui se prépare à briser les mondes, je pourrai du moins révéler le sens de vos machinations. Entraîné par gradation dans un abyme dont vous n'aviez pas sondé la profondeur, le succès de vos crimes vous y a toujours enfoncé davantage. Dans le principe, vous n'avez voulu que de l'argent, et la Cour eût pu vous avoir comme les Jacobins. Votre esprit peignit tout en noir à vos yeux livides. Votre femme, dédaignée à Versailles, fut la pythonisse d'un antre de factieux, et vous concourûtes à précipiter de son Trône un Roi vertueux, mais faible, pour spolier sa couronne et pour en partager les dépouilles.

« La peur de l'échafaud vous rendit chaque jour plus digne d'y monter : vous sentîtes qu'il n'y avait plus pour vous d'asile sur la terre, et vous transformâtes votre patrie en un cimetière, aux risques de vous y ensevelir vous-même. Ayant bravé tous les gouvernemens, vous dédaignâtes d'en établir un, ou plutôt, vous présageâtes que vous y seriez puni; ayant foulé aux pieds toutes les lois, vous n'en fîtes que de circonstances pour flatter les passions favorites de votre cœur, l'avarice et l'inhumanité. Vous vécûtes, en tremblant, d'artifice et au jour et à l'heure, comme ce tyran assis à un festin, un glaive suspendu sur sa tête : vous vous attendiez à être puni, et vous comblez la mesure.

« Lorsqu'une fatalité inexplicable, (énigme désastreuse dont l'Europe aura la clef,) a permis que les armées les plus formidables reculassent épouvantées par une poignée de factieux, qui conduisaient aux combats une multitude énivrée, lorsque, contre l'attente des nations, contre votre propre espoir, une république monstrueuse, les confiscations, le carnage, le bannissement, la mort, ont triomphé, surpris de vos succès inespérés, vous n'avez pas osé proposer un code de lois à un peuple qui n'en veut plus; mais, sentant que vous ne pouvez conserver de l'influence, et ce métal auquel vous avez tout sacrifié, que par une forme de gouvernement quelconque, vous louvoyez entre le désir d'en fixer un et la crainte de l'annoncer.

« Mais la justice divine est impérissable. Le tigre que vous avez démuselé vous dévorera; vous serez mis en pièces par ceux dont vous flattâtes la sacrilège atrocité, et vous n'aurez qu'une seule vie à offrir, pour l'holocauste expiatoire de tant de forfaits.

« Vous et presque tous les gens de lettres de France, vous aurez prouvé la bassesse d'une profession qui semblait noble ; et, je dois vous en avertir, dans toute l'Europe, quand on veut nommer un grand coupable, quand on veut se rallier à un point central de mépris, d'horreur et d'indignation, c'est vous qu'on cite.

« Allez, allez, vains fantômes qui m'aviez déçu, littérature, philosophie, que j'appelais dans ma jeunesse pour consoler mon âge mûr ; votre nom et vos livrées sont à jamais déshonorés. Vous avez fait plus de mal au monde dans ce siècle-ci, que vous n'apportâtes de jouissances, de plaisirs utiles et de bonheur aux générations disparues dans la nuit de tous les tems.

« Et vous, Monsieur, comparez votre destinée avec celle des hommes restés fidelles aux principes, avec celle d'un Burke, qui, lorsque cette assemblée nationale, proscrite aujourd'hui, réduisait en principes le renversement des Trônes, combattit sur les ruines de la monarchie. La noblesse française s'honora de voir en lui un défenseur, et le clergé lui éleva dans son cœur un monument de reconnaissance, qui ne peut pas durer aussi long-tems que son immortel ouvrage, mais qui en est déjà la récompense.

« Dans ces jours d'innovations et de blasphêmes politiques, quelle gloire vous auriez pu acquérir, en vous montrant tout à-la-fois le défenseur du véritable peuple et celui des droits du Trône, qui, fondus dans un juste équilibre de gouvernement, sont aussi les remparts des empires, et la sauve-garde des nations.

« Au milieu de tant d'iniquités heureuses pour un moment, quelques idées de grandeur auraient dû au moins voiler à l'Europe le fond de vos cœurs, (je parle à vous et à vos complices), auraient dû pallier ce système suivi d'horreurs inouies, de déprédations révoltantes et de persécutions surnaturelles. Les nations auraient cru du moins apercevoir un plan à vos complots, et une entente à vos desseins.

« Une république fondée sur le modèle de l'ancienne Rome, dont vous n'avez ni les talens, ni l'énergie, ni les vertus ; un Roi et sa déplorable famille remis aux frontières comme un autre Tarquin, dont il n'eut aucun des vices ; la majesté du rang dont il venait de descendre, protégée par la majesté du peuple ; un traitement assigné à cette famille, qui, pendant neuf siècles, eut l'honneur de vous commander, les propriétés inviolables sous l'égide de la loi ; l'horreur du sang, une indulgence universelle proclamée pour ceux qui, nés sur le même sol, sont appelés par vous les coupables ; des lois religieusement observées, quelqu'éphémères qu'elles puissent être ; l'hospitalité sacrée, les arts réencouragés, la clémence nationale brillant éminemment dans ce triomphe populaire ; tout cela eût pu tarir bien des larmes, effacer bien des souvenirs, consoler de grandes douleurs, appaiser des amours-propres irrités, prêter à vos succès les couleurs de la justice, tromper à demi la France, éblouir enfin, la religion de l'Europe frappée de stupeur; mais vous eussiez peut-être ainsi recueilli le prix de votre funeste ascendant; et la Providence, qui vous désavoue, vous refuse des prospérités durables qui mettraient sa justice en problème.

« Ainsi donc, après avoir marché sur les cadavres de vos concitoyens, après avoir dilapidé leurs propriétés, après avoir peut-être consommé le seul crime qui manque à votre histoire, après avoir tenté la subversion de l'Europe dans le silence d'une loi de sang, vous permettrez peut-être à la noblesse française de venir mendier son pain sur cette terre arrosée de son sang; mais si le nombre triomphe de la loyauté, elle aura le noble orgueil de vous dérober sa misère; il est encore des armées en Europe, elle en sera les recrues. Il vaut mieux mourir soldat loin de vous, que de vivre dans l'air que vous avez souillé!

« Mais, ou je m'abuse, ou ces suppositions chimériques ne se réaliseront jamais ; et si l'on n'enchaîne pas vos fureurs, vous vous dévorerez vous-mêmes ; exemple unique et immortel de ce que peuvent la corruption et la perversité, les lumières et la philosophie.

« En relisant cette lettre, je m'effraie de tout ce qu'elle contient ; je m'étonne et je m'accuse de tout ce qu'elle ne renferme pas. Ceux qui, un jour, traceront ces funestes tableaux, qu'on sera forcé d'appeler l'histoire, n'en ayant pas été les témoins, seront encore plus embarrassés que les contemporains ; et la postérité, dans cette longue galerie de crimes, n'aura pas un seul hommage à payer à la vertu, et pas un seul objet d'admiration, pour se reposer dans ce chaos monstrueux de honte et d'iniquités.

« Le véritable philosophe étudiera la nature dans ces crises révolutionnaires par lesquelles elle se purge, et se convaincra qu'à certaines distances, cette mère éternelle, embarrassée de sa fécondité, conserve l'espèce, mais que, prodigue des individus, elle sacrifie et dépense les générations. Ces perturbateurs, qui jadis furent des fléaux de leur pays, en étaient aussi des ornemens; ils étaient moins des conspirateurs, que des hommes qui se mettaient à leur place, non que je veuille dire que leurs talens étaient le strict contre-poids de leurs forfaits, mais ils pouvaient en paraître les correctifs.

« Cette fois-ci c'est le néant, l'abjection, le crime dans toute sa turpitude et sa laideur, la peur et la barbarie. L'historien qui salira son imagination et sa plume à rappeler cette épouvantable époque, pourra dire en se résumant :
» c'était du sang, des bourreaux et des
» victimes; c'était mille piques contre
» un bras désarmé, mille poignards
» contre une femme éplorée et sans dé-
» fense; il n'y eut pas un étendard, pas
» un caractère et pas un homme. »

« Peut-être, Monsieur, serait-ce ici le lieu de suivre votre parti dans ses détours les plus secrets, et de particulariser plus clairement quelques uns de vos procédés, mais ce serait une tâche trop horrible et trop longue ; vous avez fidèlement proportionné les parties à l'ensemble ; et quoique, dans votre silence désorganisateur, vous paraissiez flotter sans aucun plan, comme un crime est toujours le but, un crime nouveau vous y ramène. Ainsi, sans gravir tristement de crime en crime jusqu'au sommet de vos forfaits, je m'arrêterai sur votre dernier décret, qui a fait frémir jusqu'aux porte-faix des nations étrangères ; et si la terreur est un moyen, il faut pourtant que vous sachiez qu'elle s'émousse ou par trop d'horreurs, ou par le ridicule.

« Vous faites massacrer le 2 septembre des infortunés de tous les sexes et de tous les âges ; tout périt, tout fuit, tout se cache à l'aspect de vos satellites et de leurs haches. Les syllabes d'un nom recommandable dévouent au trépas celui qui le porte ; (1) sa naissance est son forfait..... Un soupçon, c'est la mort. Vos bourreaux se répandent dans les environs de la Capitale, dans le calme des campagnes; ils en arrachent les habitans consternés, ils les réservent à des supplices inconnus. On craint la peste pour cette ville coupable, cimetière impur de tant de cadavres mutilés ; ceux que la loi n'avait pu condamner et n'avait pas osé absoudre, sont hachés par des tigres à figures humaines, aux yeux d'une soldatesque aussi lâche que vous; tout ce qui reste à Paris, crie en tremblant : Vive la République ! quand presque tous ont dans le cœur, Vive le Roi ! périssent C..... et ses pareils !

« C'est alors que des perquisitions répétées, accompagnées de traitemens infâmes, que des enlèvemens nocturnes,

---

(1) M. de Maillé, arrêté et égorgé pour M. de Mailly.

que des menaces réitérées, que des lettres anonymes, viennent alarmer le reste des propriétaires glacés d'effroi, et forcés de changer avec un asile étranger cette patrie qu'ils n'auraient jamais voulu quitter, cette douce patrie qui, pour des milliers de Français, justifiera le vers du poète :

« Et dulces moriens reminiscitur agros, »

conséquence visible de vos scélératesses antérieures, et vous les punissez pour avoir encouru la peine dont vous leur avez fait une fatale nécessité ; ce qui est leur dire en d'autres termes :

» Vous avez une terre dans le pays
» d'Albe, nous allons vous tuer pour
» vous la voler ; ou si vous fuyez, nous
» la confisquerons pour en assigner les
» deniers au trésor national, et en dé-
» rober le prix. »

« Et vous dites que la France est libre ! que vous êtes des philantropes ! des philosophes ! Vous êtes des brigands... des brigands qui, dans une forêt, le pistolet au poing, vanteraient la vertu et la loyauté aux passants, en les détroussant au nom de la morale et de la justice éternelle.

« Mais il est tems de fermer mes yeux sur ce cloaque où vous respirez, sur ces odieux tableaux, dont je pourrai d'autant mieux dire « *Et quorum pars* » *magna fui,* » que j'ai été à la veille de succomber sous le couteau des meurtriers, et de périr victime de vos fureurs, pour prix, je n'ose pas dire de mes efforts heureux, mais au moins de ma constance à défendre une cause juste, quoiqu'à demi perdue. Je vous combattis quand votre empire n'était pas encore affermi ; puissant, je ne fléchirai pas devant vous, et quand j'ai échappé à vos poignards ; je méprise vos prospérités, et je ne voudrais pas y associer ma fortune.

« Vous ne répondrez pas à cette lettre, mais vous êtes jugé au tribunal de l'opinion ; il a prononcé que vous étiez mort civilement ; c'est au bourreau à exécuter la sentence. »

On imagine bien que celui à qui cette lettre était adressée, n'y répondit pas; mais bientôt la scène changea.

CHAPITRE XV.

L'annonce d'une convention nationale parut calmer pour un instant l'effervescence des partis. La nécessité où se trouvaient les intrigans de s'éloigner de Paris, pour se faire nommer membres de cette assemblée, laissa respirer un instant cette Capitale. La tranquillité se rétablit dans la tour ; et la Reine, après avoir donné des larmes amères à la mémoire de son amie, se renferma entièrement dans l'affection de son époux et de ses enfans, à qui elle prodiguait tous ses soins. Toujours le même ordre de choses subsistait. On ajoutait seulement à la rigueur du sort de ces infortunés, de nouvelles et inutiles douleurs.

Un jour que la Reine lisait haut à ses enfans un volume de l'histoire de France, c'était l'époque de la révolte du connétable de Bourbon. Un municipal, qui eût pu induire de ce fait historique une toute autre réflexion, prétendit que la Reine ne le faisait connaître à son fils, que pour lui inspirer des sentimens de vengeance contre sa patrie. Il en fit une dénonciation formelle au conseil. Cléry, qui en fut informé, en instruisit Sa Majesté, qui depuis évita avec soin tout ce qui pouvait donner lieu à de fausses interprétations.

Parlerons-nous de ce Simon, qui de cordonnier était devenu officier municipal, et qui fut depuis, à la honte de la convention, chargé par elle de veiller sur le Dauphin ? Cet homme disait assez près du Roi pour en être entendu : *Cléry, demande à Capet s'il a besoin de quelque chose, pour que je n'aie pas la peine de monter une seconde fois.*

Rien ne surpassa l'ignorance profonde des commissaires chargés de la surveillance de la tour : le trait que nous allons citer en est une preuve bien frappante.

La Reine avait fait faire une table de multiplication pour le jeune Prince. Ces hommes ignares prétendirent que cette Princesse apprenait à son fils à parler et à écrire en chiffres, et il fallut renoncer à l'arithmétique.

On alla plus loin. La Reine et Madame Élisabeth avaient fait apporter dans la tour leurs métiers à tapisseries. Cet ouvrage était pour les Princesses une véritable distraction. Il avait en outre un but digne de leurs cœurs. Elles voulaient que le travail de leurs augustes mains fût encore un témoignage de bonté, un souvenir précieux de l'amitié dont elles honoraient celle à qui il était destiné. Ces morceaux de tapisserie étant finis, la Reine donna ordre à M. Cléry de les envoyer à Madame la Marquise de Scrent. (1) Les municipaux à qui il en demanda la permission, les examinèrent avec *leur sagacité* accoutumée, et trouvèrent qu'il y avait sûrement dans ce travail, quelqu'emblême hiérogliphyque, qui servirait à faire connaître des moyens d'évasion; et en conséquence ils prirent un arrêté qui défendait de laisser sortir du temple aucun ouvrage des Princesses.

Le Roi et sa famille, en descendant pour la promenade, étaient obligés de passer devant un grand nombre de sentinelles, dont plusieurs, même à cette époque, étaient placées dans l'intérieur de la petite tour; les factionnaires présentaient les armes aux municipaux et aux chefs de légion; mais quand le Roi arrivait près d'eux, ils posaient l'arme au pied, ou la renversaient avec affectation.

---

(1) Depuis nommé Duchesse, en récompense de sa constante fidélité à nos Princes légitimes.

Un des factionnaires de l'intérieur écrivit un jour sur la porte de la chambre du Roi et en-dedans : » La guillo-
» tine est permanente, et attend le
» tyran Louis XVI. » Le Roi lut ces paroles; Cléry fit un mouvement pour les effacer. Le Roi s'y opposa.

Un des portiers de la tour, nommé *Rocher*, d'une horrible figure, vêtu en sapeur, ayant de longues moustaches, un bonnet de poil noir sur la tête, un large sabre et une ceinture à laquelle pendait un trousseau de clefs, se présentait à la porte, lorsque le Roi voulait sortir. Il ne l'ouvrait qu'au moment où Sa Majesté était près de lui ; et sous prétexte de choisir dans ce grand nombre de clefs, il les agitait avec un bruit épouvantable, et, tirant les verroux avec effort, descendait précipitamment, se plaçait à côté de la dernière porte, une longue pipe à la bouche, et, à chaque personne de la Famille Royale qui sortait, il soufflait de la fumée de tabac, surtout devant les Princesses. Quelques gardes, qui s'amusaient de ces insolences, se rassemblaient près de lui, riaient aux éclats à chaque bouffée de fumée, et se permettaient les propos les plus grossiers; quelques-uns même, pour jouir plus à leur aise de ce spectacle, apportaient des chaises du corps-de-garde, s'y tenaient assis, et obstruaient le passage déjà fort étroit.

Ces promenades, si tristes par elles-mêmes, auxquelles le Roi eût renoncé, sans l'idée qu'elles étaient indispensables à la santé de ses enfans, devenaient pour lui, et surtout pour la Reine, un supplice réel. Ainsi, tout était empoisonné pour la Famille Royale; et l'on ne comprend pas comment des personnes élevées dans la grandeur, sur les pas de qui les plaisirs avaient toujours volé, qui, jusqu'alors, n'avaient pas connu une seule privation, purent supporter les humiliations sans nombre dont on les accablait. Hélas ! N'eût-il pas été à désirer que le chagrin les eût enlevées à leurs bourreaux ? Combien de moindres infortunes ont fait succomber des individus qui, par leur constitution, eussent dû vivre de longues années ? Mais il fallait que les décrets de Dieu s'accomplissent, il fallait que les siècles futurs eussent à nous reprocher le crime qui a attiré sur nous de si grands malheurs. Cependant dans cet horrible tableau, quelques traits se trouvent çà et là, qui semblent être placés pour l'adoucir. Le Roi put connaître qu'il lui restait encore des sujets fidelles, (1) et que tout ce qui aimait la Famille Royale, n'était pas émigré. Si on avait su tirer parti des dispositions d'un certain nombre d'individus parmi le peuple, on aurait pu tenter un dernier effort pour soustraire Sa Majesté à une mort certaine, mais on négligea

_____

(1) Oui, il en restait encore, et l'un d'eux à qui l'on reprochait de n'avoir pas quitté la France, répondit: » Hé ! comment serait-on rentré, si nous étions tous » sortis ; mot profond qui explique bien des choses. »

ces moyens; on ne compta que sur l'étranger, et l'étranger trompa alors nos espérances. Voici des faits qui servent de preuves à ce que j'avance.

Un factionnaire montait la garde à la porte de la chambre de la Reine: c'était un habitant du Faubourg St.-Antoine, vêtu avec propreté, quoiqu'en habit de paysan, seul dans la première chambre avec M. Cléry qui lisait. Le paysan le considérait avec attention, et paraissait très-ému. Le valet-de-chambre venant à passer devant lui, cet homme, pour remplir ses fonctions de sentinelle, lui présente les armes, et lui dit d'une voix tremblante: « Vous ne pouvez pas sortir.
» — Pourquoi? — Ma consigne m'ordon-
» ne d'avoir les yeux sur vous. — Vous
» vous trompez sans doute, lui dit
» Cléry. — Quoi ! Monsieur, vous
» n'êtes pas le Roi ? — Vous ne le con-
» naissez donc pas ?— Je ne l'ai jamais
» vu, Monsieur, mais c'est dans un lieu
» bien différent de celui-ci que je

» voudrais le voir. — Parlez bas, je
» vais entrer dans cette chambre ; je
» laisserai la porte à demi-ouverte, et
» vous verrez le Roi ; il est assis près de
» la croisée. A cet instant le Roi avait
» ses enfans assis près de lui, et se
» prêtait avec amour à leurs innocentes
». caresses. »

Cléry fit part à la Reine du désir de ce factionnaire, et le Roi, qu'elle en instruisit, eut la bonté de se promener d'une chambre à l'autre pour passer devant lui. Le digne serviteur du Roi s'approcha de nouveau du factionnaire, qui lui dit : « Ah ! Monsieur, que le
» Roi est bon ! comme il aime ses
» enfans ! Il était si attendri, qu'à peine
» il pouvait parler. O non, continua-
» t-il, en se frappant la poitrine, je ne
» peux croire qu'il nous ait fait du mal. »

Un autre factionnaire placé au bout de l'allée qui servait de promenade, jeune homme d'une figure intéressante, exprimait par ses regards, le désir de donner quelques renseignemens à la Famille Royale. Madame Elisabeth, dans un second tour de promenade, s'en approcha pour voir s'il lui parlerait; soit crainte, soit respect, il ne l'osa point, mais quelques larmes roulèrent dans ses yeux, et il fit un signe pour montrer qu'il avait déposé près de lui un papier dans les décombres. M. Cléry, feignant de choisir des palets pour le jeune Prince, cherchait à s'emparer de ce papier; mais les officiers municipaux le firent retirer, et lui défendirent d'approcher désormais des sentinelles. Il a toujours ignoré les intentions de ce jeune homme, mais on ne peut douter qu'elles ne fussent très-louables.

Les promenades de la Famille Royale avaient pour elle un intérêt particulier, heureusement inconnu de ses persécuteurs, c'était d'être vue de ses fidelles amis, et de les apercevoir. Effectivement, plusieurs de ceux-ci étaient parvenus à obtenir de Madame de***, qui, de sa chambre, avait vue sur le Temple, la permission de venir chez elle, pour y épier l'instant où leurs Majestés descendraient dans le jardin. Alors ceux qui se trouvaient à sa croisée, s'avançaient le plus qu'il leur était possible, et si l'on ne pouvait distinguer leurs traits, il était aisé au moins de découvrir dans l'attitude de leurs corps, cette vive curiosité, cet intérêt tendre dont ils étaient animés.

Je ne crois pas étranger à mon sujet, de dire que le Roi vient de récompenser le désintéressement de cette Dame, (1) qui, malgré qu'elle ne fût pas riche, s'empressait sans aucune rétribution, d'offrir sa chambre à ceux qui mettaient un prix infini à voir encore leurs Majestés. Elle continua à rendre aux Princesses, après la mort du Roi, tous les services qui dépendaient d'elle, et la

---

(1) Elle a obtenu une pension de 800 francs, au moment où elle était réduite à la plus triste nécessité.

récompense

récompense qu'elle en a reçue, ajoute au bonheur inappréciable qu'elle éprouve de revoir l'illustre orpheline, pour qui, dans sa détresse, elle adressait à Dieu tant de prières, qui, enfin, ont été exaucées.

M. Cléry crut un jour, parmi les personnes qui étaient à cette précieuse fenêtre, apercevoir Madame de Tourzel. Il en fit part à la Reine. Hélas! dit Sa Majesté, qui, à son nom, ne put retenir ses larmes, quoi! elle vivrait encore! Je croyais que tout ce qui avait été attaché à l'éducation de mes enfans avait péri. Cléry se procura des renseignemens qui tranquillisèrent la Reine. On sut que Madame de Tourzel et Mesdames de Mackau et de Souscy, étaient retirées à la campagne, après avoir échappé aux affreuses journées des 2 et 3 septembre.

Cependant, de nouvelles douleurs vinrent assaillir le cœur des augustes Captifs. Ils apprirent par les journaux, que le Duc de Brissac avait été massacré à Versailles, lors du transport des prisonniers d'Orléans à Paris. M. de Brissac et ses malheureux compagnons, avaient été d'abord traduits devant une haute Cour de justice, établie par les révolutionnaires à Orléans; mais les vues des législateurs sanguinaires n'avaient pas été remplies dans le choix des juges. Il se trouva parmi ceux-ci assez d'honnêtes gens, pour qu'ils ne voulussent pas prononcer la peine capitale contre des hommes, dont tout le crime était d'avoir religieusement rempli leurs devoirs. Le Duc de Brissac, dont le nom rappelait le dévouement à la branche des Bourbons, et que ses descendans n'ont pas démenti dans les momens les plus orageux, ne s'était pas éloigné du Roi un seul instant, et sa dernière pensée fut pour Sa Majesté, lorsqu'il succomba sous le nombre des assassins, à qui cependant il vendit chèrement sa vie, n'ayant pour toute arme qu'un couteau, dont il blessa grièvement plusieurs.

Sa mort et celle des autres prisonniers furent vengées plusieurs années après, par le supplice d'un des chefs de cette émeute.

CHAPITRE XVI.

L'ASSEMBLÉE marchant rapidement dans la route qu'elle s'était tracée, ne se contenta pas d'avoir prononcé la déchéance ; elle décréta l'abolition de la Royauté. On voulait que le Roi connût cette loi ; et, comme si ceux qui l'avaient rendue, n'eussent pas osé venir la signifier à celui qui en était l'objet, le 21 septembre à quatre heures du soir, un nommé *Lubin*, municipal, entouré de gendarmes à cheval, et d'une nombreuse populace, vint lire une proclamation devant la tour. Les trompettes sonnèrent, puis il se fit un grand silence. Ce Lubin avait une voix de Stentor. La Famille Royale put entendre distinctement la proclamation de l'abolition de la Royauté, et de l'établissement d'une République. *Hébert*, si connu sous le nom de *père Duchesne*, et *Destournelles*, depuis Ministre des contributions, se trouvaient de garde auprès de la Famille Royale ; ils étaient assis dans ce moment près de la porte, et fixaient le Roi avec un sourire perfide. Ce Prince s'en aperçut ; il tenait un livre à la main, et continua de lire, sans qu'on vît aucune altération sur son visage. La Reine montra la même fermeté ; pas un mot, pas un mouvement, qui pussent accroître la jouissance de ces deux hommes. La proclamation finie, les trompettes sonnèrent de nouveau. M. Cléry se mit à une fenêtre ; aussitôt les regards du peuple se tournèrent vers lui ; on le prit pour Louis XVI, et il fut accablé d'injures. Les gendarmes firent des signes menaçans avec leurs sabres, et il fut obligé de se retirer pour faire cesser le tumulte.

Le même soir il informa le Roi que, le froid commençant à se faire sentir, M. le Dauphin avait besoin de rideaux et de couvertures. Le Roi le chargea d'en écrire la demande et la signa. Cléry s'était servi des mêmes expressions qu'il avait employées jusqu'alors : « *Le Roi* » *demande pour son fils*, etc. Vous » êtes bien osé, lui dit *Destournelles*, » de vous servir ainsi d'un titre aboli » par la volonté du peuple, comme vous » venez de l'entendre. » J'ai, répondit Cléry, entendu une proclamation, mais je n'en savais pas l'objet. « C'est, reprit » *Destournelles*, l'abolition de la Royau- » té; et vous pouvez dire à Monsieur, » en montrant le Roi, de cesser de » prendre un titre que le peuple ne » reconnaît plus. — Je ne puis changer » ce billet qui est déjà signé. Le Roi » m'en demanderait la cause, et ce n'est » pas à moi à la lui apprendre. — Vous » ferez ce que vous voudrez, répliqua- » t-il, mais je ne certifierai pas votre

» demande. » Le lendemain, Madame Elisabeth ordonna d'écrire à l'avenir, pour ces sortes d'objets, de la manière suivante : Il est nécessaire pour le service de Louis..... de Marie-Antoinette..... de Louis-Charles....., de Marie-Thérèse...... de Marie Elisabeth....., etc.

Ces demandes se réitéraient souvent, car la pénurie où on avait laissé la Famille Royale, depuis que l'on avait pillé tout ce qui lui appartenait, aurait été totale, sans l'empressement qu'avaient mis à lui procurer les choses de première nécessité, ceux qui avaient eu le bonheur de l'accompagner aux feuillants.

La Comtesse de *Sutherland*, Ambassadrice d'Angleterre, trouva le moyen de faire parvenir à la Reine, du linge et d'autres effets pour le jeune Prince. La Reine ordonna dans la suite de renvoyer à Lady *Sutherland*, les effets qui lui appartenaient, et de lui écrire de sa part pour la remercier. (La Reine à cette époque était privée de papier et d'encre.)

Les municipaux s'opposèrent à ce renvoi, et gardèrent le linge et les effets.

Qui croirait que les filles des plus puissants Rois de l'Europe, ainsi que le Roi de France lui-même, n'avaient qu'un seul vêtement, qu'il fallait raccommoder chaque jour ? Madame Elisabeth, cet ange de vertu, de résignation, dont on ne célèbre pas assez les qualités éminentes, car tout ce qu'on peut dire d'elle est au-dessous de l'éloge qui lui est dû ; Madame Elisabeth, dis-je, attendait que le Roi fût couché, pour recoudre les habits de ce Prince ; et lorsque Cléry eut obtenu, à force de sollicitations, que l'on fît un peu de linge neuf pour la Famille Royale, les ouvrières l'ayant marqué de lettres couronnées, les municipaux eurent l'indignité d'exiger de nos malheureuses Princesses, qu'elles ôtassent elles-mêmes les couronnes, et Cléry ajoute : *Il fallut obéir.* O mon Dieu ! de quel esprit de patience et de résignation vous aviez doué ces illustres Victimes ! D'autres ont porté aussi comme elles les honorables chaînes dont les révolutionnaires chargèrent tout ce qui était vertueux ; mais quoique fort éloignés du rang suprême, on ne les vit pas se résigner avec autant de douceur aux barbares traitemens qu'on leur faisait éprouver. Ces prisonniers, destinés presque tous à être moissonnés par la faux de la révolution, résistaient aux atroces fantaisies de leurs geoliers, opposaient la mordante ironie à leur grossier langage, et provoquaient même leur colère. Tels autrefois, les malheureux condamnés à être dévorés par les bêtes féroces hâtaient leur supplice en excitant la faim des tigres et des lions. On s'embarrassait assez peu de les rendre plus criminels. L'illustre famille au contraire, loin de fronder les scélérats qui exerçaient tant de rigueurs sur elle, semblait, par sa docilité angélique, les inviter à s'adoucir et les attendre au repentir. Elle semblait, par le calme de ses actions, dire à ces brigands : La force nous a mis en votre puissance ; nous y resterons semblables à l'agneau que le sacrificateur égorge, sans qu'il jette un seul cri, sans qu'il fasse aucun effort pour s'échapper de ses mains. Notre patience surpassera votre rage ; peut-être elle vous fera rougir de votre injustice, peut-être chercherez-vous les moyens de la réparer; du moins, vous le feriez sans crainte, car vous avez dû juger, par la manière dont nous avons vécu au milieu de vous, que nos cœurs sont sans fiel, et ne nourrissent point de vengeance. Alors nous vous aurons empêchés de commettre de grands forfaits, et le Dieu de toute clémence se servira de notre exemple, pour rappeler le goût de la vertu dans vos ames ; alors s'opérera une réconciliation véritable entre le Roi et son peuple. Celui-ci, égaré par des hommes pervers, apprendra de vous combien on l'a trompé. Il saura que rien n'a pu altérer notre amour pour lui. Il viendra ouvrir les portes de cette prison, et, rétablissant tout ce que dans sa fureur aveugle il a détruit, le bonheur renaîtra en France.

Si cet espoir fut déçu, il en était un qui ne pouvait leur manquer : c'était l'espoir de la récompense que Dieu a promise par son fils, à ceux qui souffrent persécution pour la justice. Le Roi et sa Famille savaient qu'en perdant une couronne périssable, ils en acquéraient une immortelle. Chaque outrage qu'on leur faisait, rendait cette couronne plus riche et plus brillante. Il n'est donc point étonnant que des chrétiens à qui les vérités de notre sainte religion avaient été révélées, souffrissent avec tant de constance, des maux qui eussent été intolérables pour des orgueilleux.

Il est cependant des douleurs qui semblent surpasser la force de la nature humaine, parce qu'elles frappent directement sur ses plus chères et ses plus innocentes affections. Ce sont celles qui vont se succéder sur la Royale Famille, sans interruption jusqu'à la mort.

Ce n'était pas assez de les avoir, par la première insurrection du 14 juillet 1789, séparés de la plûpart des personnes qui leur étaient chères, et dont on eût versé le sang, si elles n'avaient échappé par la fuite à la fureur des assassins ;

Ce n'était pas assez qu'après avoir massacré leurs gardes fidelles, dans les journées des 5 et 6 octobre de la même année, on les eût arrachés du Palais où tout leur rappelait à-la-fois le souvenir de la grandeur de Louis XIV, et celui de ces douces jouissances de cœur, dont on ne contracte l'habitude que dans la jeunesse ;

Ce n'était pas assez de les avoir tenus prisonniers à Paris dans leur propre Palais, où on ne leur rendait que de faux hommages, et où on laissait la lie du peuple les insulter chaque jour ; ce n'était point assez de les avoir forcés à faire dételer leurs chevaux, lorsqu'ils allaient chercher à la campagne quelques momens de relâche ; ce n'était point assez d'avoir abreuvé le Roi de tant de douleurs ; de l'avoir mis sans cesse dans la triste nécessité, ou de manquer au serment de son sacre, ou de voir briser un sceptre qu'il ne voulait porter que pour le bonheur du peuple, de ce peuple qui méconnaissait ses vertus ;

Ce n'était pas assez d'avoir arrêté le Roi à Varennes, comme un vil déserteur ; de l'avoir accusé d'abandonner son royaume, d'avoir enchaîné ses gardes sur sa propre voiture, de l'avoir privé de leurs services, pour lui composer une garde constitutionnelle moins dévouée, que bientôt on lui ôte encore (1).

Ce n'était pas assez des journées des 20 juin, du 10 août, des 2 et 3 septembre, dont on voulait que lui et les siens connussent toutes les horreurs, en apportant jusque sous la fenêtre de la

---

(1) Voir, parmi les pièces justificatives, à la fin du troisième volume, la *lettre du ROI* à M. le Duc de Brissac.

tour qui les renfermait, les horribles trophées de la fureur populaire.

La prison, les privations de tous genres, la perte de leur autorité, de leur caractère politique, et la violation des bienséances, tout cela ne satisfaisait pas la rage de leurs ennemis. Ces montres savaient que supérieurs à toutes les vicissitudes du sort, il leur restait un bien qui n'appartient qu'aux cœurs vertueux ; un bien, l'image de la béatitude céleste : c'est l'union des cœurs, le rapport des goûts, des sentimens. Je l'ai dit, et je ne cesserai de le dire, la parfaite intelligence qui régna constamment entre les augustes Victimes, du moment où elles furent privées de la liberté, jusqu'à celui de leur séparation, est le plus bel éloge que l'on en puisse faire. Aussi leurs persécuteurs ne voulurent point les laisser jouir de cette dernière consolation.

Le 26 septembre, M. Cléry apprit par un municipal, qu'on se proposait de séparer le Roi de sa Famille, et que l'appartement qu'on lui destinait dans la grande tour serait bientôt prêt.

Ce ne fut pas sans beaucoup de précautions, qu'il annonça au Roi ce nouvel acte de tyrannie ; et, comme il lui témoignait combien il lui en avait coûté pour l'affliger : « Vous ne pouvez
» me donner une plus grande preuve
» d'attachement, lui dit Sa Majesté ;
» j'exige de votre zèle de ne me rien
» cacher ; je m'attends à tout. Tâchez
» de savoir le jour de cette pénible
» séparation, et de m'en instruire. »

CHAPITRE XVII.

Le 29 septembre à dix heures du matin, cinq ou six municipaux entrèrent dans la chambre de la Reine, où était la Famille Royale. L'un d'eux nommé *Charbonnier*, fit lecture au Roi d'un arrêté du conseil de la commune, qui ordonnait « d'enlever papier, encre,
» plumes, crayons, et même les papiers
» écrits, tant sur la personne des détenus,

» que dans leurs chambres, ainsi qu'au
» valet-de-chambre et autres personnes
» du service de la tour; et lorsque vous
» aurez besoin de quelque chose, lui
» dit l'officier municipal, Cléry descen-
» dra et écrira vos demandes sur un re-
» gistre qui restera dans la chambre du
» conseil. » Le Roi et sa famille, sans
faire la moindre observation, se fouil-
lèrent, donnèrent papiers, crayons,
nécessaires de poche, etc. Les commissaires visitèrent ensuite les chambres, les
armoires, et emportèrent les effets dé-
signés par l'arrêté. Ce fut par un municipal de la députation, que l'on apprit
que le soir même le Roi serait transféré
dans la grande tour. Sa Majesté le sut
par Madame Elisabeth, à qui M. Cléry
l'avait dit.

Quelque préparé que l'on soit à un
événement, quand il nous arrache la
dernière jouissance qui nous reste, il est
difficile de n'en pas être vivement affecté
au moment où il arrive. Aussi, lors-

qu'après le souper, le Roi s'apprêtait à passer dans son appartement comme de coutume, il fut fort ému quand un municipal vint lui dire que le conseil avait quelque chose à lui communiquer. Six commissaires entrèrent, et lui lurent un arrêté qui ordonnait sa translation dans la grande tour. Le coup qui frappait le Roi retentissait dans le cœur de sa famille désolée. On n'osait fixer le terme où s'arrêterait la cruauté de leurs persécuteurs. Cette séparation serait-elle totale ? Qui l'avait provoquée ? Enfin, comme le dit Cléry, ce moment fut l'un des plus cruels que leurs Majestés eussent passés au Temple. Ce digne serviteur suivit le Roi dans sa nouvelle prison. On avait eu une si grande hâte de l'y conduire, que rien n'était achevé; les peintres, les colleurs, y travaillaient encore. On n'avait pu placer que le lit du Roi; il ne s'y trouvait aucun autre meuble. L'odeur de la peinture était très-forte, et on pouvait craindre que

Sa Majesté n'en fût incommodée. Aussi M. Cléry ne voulut-il pas quitter la chambre du Roi, pour aller dans celle qu'on lui avait préparée, et qui en était fort éloignée. Il passa la nuit sur une chaise, et obtint le lendemain qu'on lui donnerait une pièce voisine de celle de S. M. Après le lever du Roi, Cléry voulut descendre pour habiller le jeune Prince ; les municipaux s'y opposèrent. L'un d'eux, nommé Véron, lui dit : « Vous
» n'aurez plus de communication avec
» les prisonniers, votre maître non plus;
» il ne doit pas même revoir ses enfans. »

A neuf heures le Roi demanda qu'on le conduisît vers sa Famille. « Nous n'avons
» pas d'ordres pour cela, dirent les com-
» missaires. » S. M. leur fit quelques observations ; ils ne répondirent pas.

Une demi-heure après, deux municipaux entrèrent, suivis d'un garçon servant, qui apportait au Roi un morceau de pain et une carafe de limonade, pour son déjeûner. Le Roi leur

témoigna le désir de dîner avec sa famille. Ils répondirent qu'ils prendraient les ordres de la commune. « Mais, ajouta
» le Roi, mon valet-de-chambre peut
» descendre ; c'est lui qui a soin de mon
» fils, et rien n'empêche qu'il ne conti-
» nue à le servir. Cela ne dépend pas
» de nous, dirent les commissaires, et
» ils se retirèrent. M. Cléry ajoute :
» J'étais resté dans un coin de la cham-
» bre du Roi, l'ame abîmée dans les
» plus tristes douleurs et les plus tendres
» réflexions ; on avait servi au Roi son
» déjeûner. S. M., voyant qu'on ne
» m'avait rien apporté, me présenta la
» moitié de son pain, en disant : « Il
» paraît qu'on a oublié votre déjeûner ;
» prenez ceci, j'ai assez du reste. Je
» refusai d'abord, mais il insista. Je ne
» pus retenir mes larmes; le Roi s'en
» aperçut, et il laissa couler les siennes »

A dix heures, d'autres municipaux amenèrent les ouvriers, pour continuer les travaux de l'appartement. Un de

ces municipaux dit au Roi, qu'il venait d'assister au déjeûner de sa famille, et qu'elle était en bonne santé. « Je vous
» remercie, répondit le Roi ; je vous prie
» de lui donner de mes nouvelles, et de
» lui dire que je me porte bien. Ne pour-
» rais-je pas, ajouta-t-il, avoir quelques
» livres que j'ai laissés dans la chambre de
» la Reine? Vous me feriez plaisir de me
» les envoyer, car je n'ai rien à lire. »

On n'a point encore oublié que les municipaux de ce tems-là, étaient presque tous choisis dans la classe la plus abjecte, et que la plûpart d'entr'eux ne savaient pas lire. De ce nombre se trouva le municipal à qui le Roi demanda ses livres. Il fut obligé d'avouer son ignorance, et d'engager le valet-de-chambre à venir avec lui pour les choisir. C'était une occasion trop favorable, pour n'en pas profiter. Cléry lut dans les yeux du Roi tout ce qu'il devait dire à la Reine, et se hâta de suivre le municipal dans la chambre de cette Princesse, où étaient

les livres que le Roi demandait. Une nouvelle épreuve attendait là ce bon serviteur. La Reine, Madame Élisabeth et les enfans pleuraient, et leurs larmes redoublèrent quand ils virent Cléry. Ils firent mille questions, auxquelles il fallait répondre avec prudence. Puis la Reine demanda aux municipaux, d'être réunie au Roi, au moins pour le tems des repas ; et comme elle crut au premier moment que cette faveur lui serait refusée, sa douleur et celle des autres personnes de la Famille Royale, devinrent si vives, que leurs sanglots portèrent l'émotion dans le cœur de ces hommes qu'on n'eût pas dû en croire susceptibles. Un d'eux s'écria : « Eh bien ! ils dîne-
» ront ensemble aujourd'hui ; mais,
» comme notre conduite est subordon-
» née aux arrêtés de la commune, nous
» ferons demain ce qu'elle prescrira. »
Ses collègues y consentirent.

FIN DU PREMIER VOLUME.